Peter Ripota präsentiert:

Tango-Sehnsucht

Heiteres & Ernstes

Wissenswertes und Belangloses

Witziges und Romantisches

rund um den Tango

Bibliografische Information der Deutschen Nationalbibliothek

Die Deutsche Nationalbibliothek verzeichnet diese Publikation in der Deutschen Nationalbibliografie; detaillierte bibliografische Daten sind im Internet über http://dnb.d-nb.de abrufbar.

In der 5. Auflage wurde der Sachteil wesentlich erweitert, besonders um die Geschichte der Tangotänzer. Dafür wurden einige literarische Ergüsse gestrichen, ebenso wie zahlreiche Fotocollagen. In der 6. Auflage wurden einige Rechtschreib- und Formatfehler bereinigt.

Herstellung und Verlag: BoD - Books on Demand, Norderstedt

ISBN-13: 9783839150221

e-mail: tango@peter-ripota.de

Webseite: http://www.peter-ripota.de/tango/index.htm

Wir sind auch auf www.facebook.de

Einen besonderen Dank möchte ich an dieser Stelle noch meiner Frau und langjährigen Tangopartnerin Monika aussprechen. Sie hat das Manuskript Korrektur gelesen und an einigen Stellen ihre weibliche Sicht auf das Tangogeschehen einfließen lassen. Auf Grund ihrer großen Tanzerfahrung, waren ihre Kommentare und Anmerkungen zu Tangoschritten, - Figuren, -Haltung und speziell Tipps zu Tangotechnik eine außerordentliche Hilfe. Etwaige Unfälle auf Grund unkorrekter Erklärungen oder falscher Auffassung meiner Worte gehen natürlich ausschließlich auf mein Konto!

Inhalt

Vorwort

Der Tango wurde 2009 von der UNESCO zum Weltkulturerbe erklärt. Die UNO-Kulturorganisation nahm den argentinischen und uruguayischen Tanz in die Liste der schützens- und erhaltenswerten Künste und Traditionen auf. Er steht damit auf einer Stufe mit "immateriellen Kulturgütern" wie der chinesischen Kalligrafie und der indonesischen Batikkunst.

Laut dem UNESCO-Übereinkommen zählen zum immateriellen Kulturerbe "Praktiken, Darbietungen, Ausdrucksformen, Kenntnisse und Fähigkeiten – sowie die damit verbundenen Instrumente, Objekte, Artefakte und Kulturräume –, die Gemeinschaften, Gruppen und gegebenenfalls Individuen als Bestandteil ihres Kulturerbes ansehen."

In dem Übereinkommen heißt es: *"Dieses immaterielle Kulturerbe, das von einer Generation an die nächste weitergegeben wird, wird von Gemeinschaften und Gruppen in Auseinandersetzung mit ihrer Umwelt, ihrer Interaktion mit der Natur und ihrer Geschichte fortwährend neu geschaffen und vermittelt ihnen ein Gefühl von Identität und Kontinuität. Auf diese Weise trägt es zur Förderung des Respekts vor der kulturellen Vielfalt und der menschlichen Kreativität bei."* Und zum Tango stellt die UNESCO fest:

"Der Tango entstand zu Beginn des 20. Jahrhunderts in der einfachen Bevölkerung von Buenos Aires und Montevideo, im Becken des Rio de la Plata. An dem Grenzfluss zwischen den beiden Ländern hatten sich Ende des 19. Jahrhunderts neben den Ureinwohnern europäische Einwanderer und ehemalige Sklaven angesiedelt. Diese Mischung hat Gewohnheiten, Überzeugungen und Rituale hervorgebracht, die sich zu einer unverwechselbaren kulturellen Identität entwickelt haben."

Mehr noch: *Papst Franziskus* sagt von sich: "*Ich liebe den Tango sehr. Er kommt aus meinem Innern.*" Und Franziskus kennt sich aus. Er ist ein Fan der Sänger Carlos Gardel und Julio Sosa und des Orchesters Juan D'Arienzo. Außerdem bewunderte er die Sängerin Ada Falcon, die aus unglücklicher Liebe zu ihrem Orchesterleiter Francisco Canaro ins Kloster ging, sowie den Komponisten und Interpreten Astor Piazzolla. Die Sängerin Azucena Maizani, eine gute Freundin von ihm, war sogar seine Nachbarin. Natürlich hatte er auch in seiner Jugend getanzt, am liebsten die schnelle Milonga, das entsprach offenbar seinem Lebensstil, dem er bis jetzt treu geblieben ist. Der Tango hat wieder einmal den päpstlichen Segen!

Nachdem ich seit über zwanzig Jahren in der Tangoszene aktiv bin, wollte ich diesen Anlass benutzen und meine Tango-Impressionen vorstellen. Es sind Eindrücke von einem der ungewöhnlichsten Tänze und menschlichen Betätigungen überhaupt. Der Tango ist mehr als ein Tanz; er ist eine Lebensform, eine lateinamerikanische Kulturtradition, eine internationale Sprache, eine Meditation zu zweit, ein Jungbrunnen des Lebens. Mediziner haben gezeigt: Tango (nicht irgendein Tanz: Nur der Tango!) beugt Alzheimer vor, hilft bei Parkinson, bringt das Immunsystem auf Trab und treibt den Testosteronspiegel in die Höhe. Als Tanz ist er für jedes Alter geeignet. Beschränkungen nach unten oder oben gibt es nicht. Eines der harmonischsten Tanzpaare, das ich je sah, waren Antonio und Antonia, beide in weiß gekleidet, er 65, sie 15. Niemand nahm daran Anstoß, warum auch?

Das schreibt auch die in Argentinien bekannt gewordene deutsche Tangotänzerin *Nicole Nau-Klapwijk* in ihrem Buch "Tango Dimensionen":

"Im klassischen Salon scheint das Alter keine Rolle zu spielen. Mann und Frau bleiben Mann und Frau ein Leben lang. Es gelten andere Gesetze. Man tanzt, egal ob man jung oder schon über 80 ist. Die einen tanzen mit der Erinnerung an ihre Jugend und mit der Reife ihrer Jahre, die anderen noch auf der Suche nach der Zukunft. Die Luft vibriert vom Hauch der Nostalgie der Alten, vermischt mit der sprühenden Neugier der jungen Tänzer, die ihre

Blütezeit noch vor sich haben. Die reale Zeit aber, das Datum des Tages, betritt den Salon nie. Diese Zeitlosigkeit ist für mich einer der stärksten Eindrücke des Tanzsalons. Dieses Nebeneinander von Zeiten, Zeitstillstand und Zeitverschiebung. Zu erleben, wie sich die Erinnerung an Vergangenes mit den Träumen der Zukunft umarmt."

Wer mit wem tanzt, ist auch egal. Der Tango ist zwar der sinnlichste aller Tänze, und dennoch findet niemand etwas daran, wenn zwei Frauen oder zwei Männer miteinander tanzen, was durchaus geschieht und über die sexuellen Vorlieben der 'Tangueros' und 'Tangueras' nichts aussagt. Auch wieder *Nicole Nau*:

"Sie alle haben sich eingefunden und verabredet zu einem Spiel: jeder respektiert die Rolle, die Maske des anderen, zusammen zelebrieren sie den Tangotanz, den nur sie so tanzen können."

Deswegen ist es auch so schwierig, den Tango zu definieren, denn er besteht aus lauter scheinbaren Widersprüchen. Er ist, wie die Logiker sagen würden, **paradox**. Wer mit so was leben kann, ist mit dem Tango gut bedient. Wer alles in Schubladen stecken muss, sollte lieber Walzer tanzen. Oder Schuhplattler.

Weil der Tango ein sehr emotionaler Tanz ist - er vereint Freude und Leid, Hoffnung und Verzweiflung, Fröhlichkeit und Trauer, Gemeinsamkeit und Einsamkeit, Versonnenheit und Tempo, und noch viele andere Gefühle - handelt dieses Buch auch von Erlebnissen und nicht nur von Erkenntnissen, auch von Gefühlen und nicht nur vom Verstand, auch von der Gegenwart des Fühlens und nicht nur von der Vergangenheit des Denkens. Und manche Erkenntnis wird auch sehr gefühlvoll präsentiert. Viel Vergnügen!

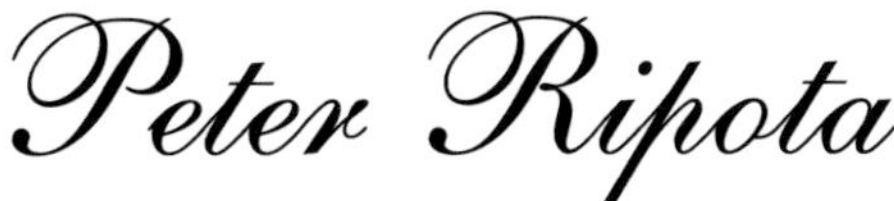

Was ist Tango?

1: ein Tanz

Neben dem, was wir hier Tango nennen, gibt es auch noch einen Marsch, der bedauerlicherweise auch diesen Namen trägt. Der "Standardtango", wie er im Standardprogramm der Tanzschulen gelehrt wird, und der "Tango Argentino", wie er in Buenos Aires, in Montevideo und in vielen anderen Städten praktiziert wird, unterscheiden sich in Folgendem:

- Der **Standardtango** (im Englischen: ballroom tango = Tanzsaaltango) hat einen strikten Viererrhythmus, klingt wie ein Marsch und wird auch so getanzt. Er ist ein genormter Tanz mit vorgeschriebenen Figuren und oft fester Choreographie. Wer einen Schritt falsch macht, kriegt Punkte abgezogen. In Schlachten wäre er als Anfeuerungsmusik gut geeignet. Die Haltung ist unten eng und oben weit. Die Oberkörper sind also zurückgelehnt, damit Arme und Köpfe ihre weit ausladenden bzw. ruckartigen Bewegungen machen können. Geprägt ist der Standardtango von Regeln und Wettbewerb - er ist also ein Sport. Jede Abweichung von der Norm ist ein Fehler. Das Schlimmste beim Standardtango (wie bei uns im Leben) ist es, zu spät zu kommen.

- Der **Tango Argentino** hat einen variablen Zweierrhythmus, enthält viele Synkopen und Pausen, ist rhythmisch, harmonisch und melodisch sehr abwechslungsreich. Er ist ein sinnlicher Tanz, bei dem nichts vorgeschrieben ist und das Paar jeden Schritt improvisiert. Zwar gibt es Grundfiguren, doch die werden ständig abgewandelt, modifiziert, den Bedürfnissen und dem Können der Tanzenden angepasst. "Falsche" Schritte oder Figuren gibt es nicht, nur unelegante. Jede Abweichung von der Norm (die es aber gar nicht gibt) ist eine neue Figur. ("Wenn du zweimal den gleichen Fehler machst, hast du eine neue Figur erschaffen.") Die Haltung ist oben eng, unten weit (damit die Beine ihre Figuren machen können). Geprägt ist der Tango Argentino von einer Art trotzigem Individualismus, der sich nicht darum kümmert, was die anderen machen (außer, auf sie Rücksicht zu nehmen). Das Schlimmste beim Tango Argentino ist es, so zu tanzen, wie alle anderen; oder rechtzeitig zu kommen. Ersteres zeigt einen Mangel an Persönlichkeit, letzteres eine Einschränkung der Freiheit.

Hier das Ganze nochmals als Tabelle:

was	Standardtango	Tango Argentino
Rhythmus	strikt 2/4, auf den Punkt	richtet sich nach der Musik und der Laune der Tänzer
wie man ihn tanzt	wie einen Marsch	elegant, sinnlich, individuell
Figuren	exakt vorgeschrieben (Komitee)	variabel
neuer ("falscher") Schritt	Fehler	neue Figur
Charakter	Wettbewerb	individuelle Entfaltung
Choreographie	vorgeschrieben	improvisiert
Haltung	oben weit, unten eng	unten weit, oben eng
Was den Tanz illustriert	Kopf und Arme	Beine
Was man nicht gern sieht	aus dem Takt zu fallen	den Takt exakt einzuhalten
Wie man zum Tanz findet	wie zu allen anderen Tänzen: allmählich	sofort, wie vom Blitz getroffen, wie von einem Virus befallen
Füße	Fersenschritte	Ballenschritte

Die Tangotänzerin *Virginia Gift* hat es schön ausgedrückt: *"Wenn keiner lächelt und alle dreinschauen, als hätten sie Schmerzen, dann handelt es sich um argentinischen Tango."* Wie wahr - aber es liegt auch daran, dass sich Herren und Damen enorm konzentrieren müssen. Der Herr muss auf die anderen Tänzer und auf seine Partnerin achten und sich überlegen, welche Figur er als nächstes führt. Die Dame muss die Impulse, Absichten und unausgesprochenen Wünsche ihres Partners erfühlen und darauf reagieren. So bieten Menschen, die im Tango Argentino über das Parkett schlurfen, einen seltsamen Anblick - entrückt, konzentriert, meditativ, in einer anderen Welt - und gar nicht fröhlich, im Gegensatz zu den Salsa-Tänzern. Eine Dame, die beides tanzt, sagte einmal: "Wenn die Tangotänzer ein wenig von der gnadenlosen Fröhlichkeit des Salsa übernehmen würden, und die Salsa-Tänzer ein wenig von der Eleganz des Tango, das wäre schön."

Deswegen reden wir im Folgenden nur vom "Tango" und meinen *den* Tango, und nicht den Marsch, der bedauerlicherweise von viktorianischen Tanz-Standardisierern auch mit diesem Namen ausgestattet wurde.

Was ist Tango?

2: ein Traum

Wach nicht auf
aufzuwachen bedeutet die Illusion zu zerstören
und in den Schatten die bittere Wahrheit zu finden.
"Soñar y nada mas" (träumen, nichts als träumen)

Der Tango ist eine echte Sucht mit allen Wohltaten und Übeln einer Sucht. Da gibt es Abende, wo keine mit dir tanzen will, und die paar Damen, die sich doch dazu hergeben, können nichts, laufen davon, grüßen während des Tanzens ihre Bekannten oder sagen, sie hätten schon bessere Partner gehabt. Und alle Männer tanzen besser als du, das ist klar zu sehen.

Am nächsten Abend geschieht dann das genaue Gegenteil. Die Stimmung ist aus irgendeinem Grund anders, und schon die zweite Dame findet einen Schritt toll, den du machst. Sie möchte ihn lernen, ihr übt, erst verwickeln sich die Beine ineinander, dann die Körper. Irgendwie kommt ihr wieder auseinander, und da merkt ihr, wie die Musik von Astor Piazzolla den Saal mit wunderbar melancholischen Klängen übergießt. Der Zauber, den nur der Tango kennt, beginnt zu wirken, die roten und blauen Lichter verschmelzen mit den Klängen des Bandoneons, der Rhythmus fließt wie von selbst in die Beine, die Stimmung der Verlorenheit berührt die Seelen. Vergessen sind Schritte und Figuren, Mühen und Plagen. Zwei Körper gestalten gemeinsam ein Kunstwerk, zwei Seelen verschmelzen wortlos mit der Musik, zwei Herzen pulsieren synchron, und die Umwelt existiert nicht mehr ...

Am nächsten Abend siehst du sie wieder, die Dame, mit der du einen so wundervollen Tango-Abend erlebt hast, und möchtest mit ihr tanzen, ein wenig von dem Zauber des gestrigen Abends entzünden. Doch sie liegt, glückselig lächelnd, in den Armen ihres Liebsten und sieht dich nicht ... Das ist Tango!

Wie ich zum Tango kam

Der unvergessliche Hans Moser singt in einem seiner zahllosen Heurigen-Filme: *Ich muss in meinem frühern Leben eine Reblaus gwesn sein.* So erklärt (und entschuldigt) er seine echt wienerische Vorliebe für den Traubensaft.

Nach dieser Logik muss ich in meinem früheren Leben ein Seemann gewesen sein, wahrscheinlicher noch ein Schiffskater, oder zumindest ein Entwurzelter, der viel unfreiwillige Zeit auf dem Meer verbrachte. Denn mich hat von Kind an die Musik der übers Meer Entführten fasziniert. Davon gibt es drei Exemplare:

- den amerikanischen **Blues** der mit Gewalt verschleppten Schwarzafrikaner. Hauptinstrument: die Mundharmonika;

- den griechischen **Rebetiko**, der mit Gewalt vertriebenen kleinasiatischen Griechen. Hauptinstrument: die Bouzouki;

- den **argentinischen Tango** der in Buenos Aires gestrandeten "Porteños" (Hafenbewohner). Hauptinstrument: das Bandoneon.

Alle drei Volksgruppen wurden verschleppt (Schwarzafrikaner) oder vertrieben (Griechen) oder verließen mehr oder minder unfreiwillig ihre Heimat (Argentinier), um danach einsehen zu müssen, dass sie am falschen Ort sind und nicht mehr zurück können. Alle drei mussten sie eine kleine oder große Schiffsreise unternehmen. Und alle drei Emigrantengruppen entwickelten eine eigenartige Musik, die sich irgendwie ähnelt: Sie verwendeten ein Hauptinstrument, das von den Etablierten verachtet wurde und auch heute noch keinen Eingang in die gehobene Kompositionsgesellschaft erhalten hat. Alle drei singen kleine, zusammenhängende, ebenso unpolitische wie persönliche Balladen von Liebe und Leid, Elend und Ausgenutztwerden, und vom Vergessen im Alkohol, in Drogen - und im Tanz. Denn Griechen und Argentinier entwickelten Tänze, die sich ähneln. Ob allein oder in der Gruppe (wie beim Sirtos oder Hassapiko der Rebeten) oder zu zweit (wie beim Tango oder der Milonga der Porteños): Die Tanzenden sind konzentriert, nach innen gewandt, individualistisch und enorm musikalisch. Komplexe Rhythmen wie die 3/8- oder 7/16-Takte mancher griechischer Tänze setzen sie ebenso gekonnt in Musik um wie die Synkopen und Pausen des Tangos.

Auch Form, Struktur, Inhalt und Stimmung ähneln sich bei Blues, Rebetiko und Tango. Dem unbedarften Betrachter erscheinen die Lieder wie Jammergesänge auf das verlorene Glück oder Anklagen gegen die bösen Frauen & Männer, die ihnen übel mitspielten. Doch hinter den bitteren Balladen stecken weder moralische Verurteilung noch Resignation, sondern ein trotziges "Ich mache weiter", und oft viel versteckte Ironie, auch gegen sich selbst. Das ölige Schmalz der Tangogeigen (herrlich bei Francisco Canaro und bei Juan d'Arienzo) trieft von den Bögen, rinnt auf die Böden, verklebt die Schuhsohlen, verstopft die Ohren und beschichtet die Herzen. Trauer und Mutlosigkeit sind nicht mehr zu spüren, nun endlich können wir fröhlich tanzen.

Dazu kommt, dass fast alle Tango-Texte unpolitisch sind. Wird einer mal politisch - wie der Tango "Cambalache", der erzählt, dass die ganze Welt ein Müllhaufen ist und der Politiker gleich schlecht wie der Verbrecher - dann hat er politische Sprengkraft und wird von den Militärs verboten, genauso wie die Musik der Rebeten von der griechischen Militär-Junta. Aber fast immer erzählt der Tango sehr persönlich von Liebe und Leid, von der verlorenen Heimat und dem vergessenen Glück. Die gesellschaftlichen Verhältnisse erwähnt er nicht, die kennt ohnedies jeder.

Doch ich wollte die Frage zu Beginn beantworten. Sie ist ganz einfach: Ich mochte schon als Kind alle drei erwähnten Musikformen. Bevor ich zum Tango kam, tanzte ich griechische Tänze. Und so fasziniert mich am Tango immer noch am meisten die Musik, jene Verbindung aus weinerlichem Geigenschmalz und trotzigem Bandoneon-Klopfen, aus gutmütigem Kontrabass-Gemurmel und scharfzüngigem Klavier. Ohne Musik lerne ich auch Figuren sehr schlecht, und mit Musik kann ich Sachen, die ich vorher nie gekonnt. Wenn die Musik mich nicht anregt, wird nichts; wenn sie meiner gegenwärtigen Seelenlage entspricht, kann ich kreativ führen und mit Lust tanzen - und das überträgt sich auch auf die Partnerin. Übrigens: Man kann zu jeder Musik Tango tanzen, wenn sie die entsprechende Stimmung rüber bringt und den Körper zum Tanz anregt!

Indes, die Musik allein tut's nicht. All die Entwurzelten blieben nämlich entwurzelt. Die Negersklaven konnten bis heute in den USA nicht Fuß fassen. Die türkischen Griechen kehrten zwar in ihre Heimat zurück, waren jedoch dort nicht willkommen und wurden zu Ausgestoßenen. Und die Italiener, Deutschen, polnischen Juden, Spanier und Russen, die es in die Stadt der Guten Luft verschlug, mussten bald erkennen, dass sie von den reichen Ur-Einwohnern, sprich: den spanischen Eroberern und Großgrundbesitzern, keinesfalls wohlwollend aufgenommen wurden. Auch sie waren Gestrandete, Fremde, Menschen, die nicht mehr zurück konnten und in der Fremde nicht Fuß fassen würden. Oder, wie es ein Kenner der Porteño-Szene einmal knapp ausdrückte: Der Porteño geht niemals *wohin*, er geht immer *fort*.

Um also das Tango-Gefühl, das "Sentimiento Tanguero" zu haben, muss der Tänzer oder die Tänzerin sich irgendwie als ausgestoßen, zumindest als nicht zugehörig fühlen. Eine gewisse Traurigkeit ist von Vorteil, auch wenn kein Tanguero und keine Tanguera sagen würde, ihr Lieblingstanz sei "ein trauriger Gedanke, der getanzt wird". Dieser Ausspruch stammt von dem Tango-Komponisten *Enrico Santos Discepolo* (er hat sich den schon erwähnten Tango "Cambalache" ausgedacht). Doch Discepolo hat nie selber Tango getanzt, weiß also nicht, wovon er spricht.

Immerhin: Ein bisschen Traurigkeit gehört dazu. In der Münchner Tangoszene gibt es einen stets gut gelaunten (und stets weiß gekleideten) Tangotänzer und -lehrer, dessen Stil und Persönlichkeit ich immer bewundert habe. Als ich das mal einer Bekannten beim Zuschauen erzählte, sah sie kurz hin und sagte dann: *Der ist zu fröhlich für den Tango*. Stimmt. Ein wenig Melancholie oder Düsterkeit braucht der Tango.

Teil I: Gedanken

Woher kommt der Tango?

Jemandem die Essenz des Tango zu erklären ist genauso schwierig wie herauszufinden, wann und wo der Tango entstand und welche Wurzeln er hat. Musikwissenschaftler und Historiker sind sich über die Ursprünge des Tango ebenso wenig einig wie Tangotänzer über den richtigen Tanzstil. Deshalb ist diese Darstellung nur ein unvollkommener Versuch.

Die Urzeit

Die Ursprünge dieses Tanzes verlieren sich im Dunkel der Geschichte. Der Grund: Tango war erst einmal und lange Zeit ein Tanz der unteren Schichten. Diese existierten für die Machthaber nicht, also kümmerte sich auch niemand um sie. Den Tanz selbst konnte man weder fotografierten (dazu müsste man in einem Foto-Atelier posieren, was sich keiner der Tänzer leisten konnte oder wollte) noch videografieren (das gab es damals noch nicht). Auch schrieb niemand die Choreographien des Tanzes auf. Wozu auch: Es gab keine feste Form, der Tanz wurde mit jedem Tanz neu erfunden, die Art des Tanzens wurde durch Anschauung und persönliches Vorbild weitergegeben. Und: In der Frühzeit des Tango gab es auch keine Aufzeichnungen von Musik oder Gesang, denn beides wurde großteils improvisiert.

Allerdings wissen wir: Der Tango entstand in den Hauptstädten an der Mündung des Rio de la Plata, also in **Buenos Aires** (Argentinien) und **Montevideo** (Uruguay). Das hat auch die UNESCO erkannt und die in Tangokreisen eher vernachlässigte

Hauptstadt Uruguays in ihre Erb-Verpflichtungen mit einbezogen. Deswegen schlagen auch manche Autoren den Begriff "Tango Rioplatense" vor. Der größte Tangosänger aller Zeiten, *Carlos Gardel*, stammt einer Theorie nach auch nicht aus Toulouse (Frankreich), wie seine offizielle Geburtsurkunde ausweist, sondern aus Tacuarembó (Uruguay).

Wie oben festgestellt: Der Tango ist ein **Großstadtphänomen**. Erzählt man irgendjemandem in Argentinien außerhalb von Buenos Aires, man wäre des Tangos wegen in sein Land gekommen, erntet man ungläubige Blicke. Wegen was? Von den Tausenden und Abertausenden erzählter Tangos handeln nur zwei vom Land: *Adios Pampa* mia und *Adios muchachos*, beide bei Tänzern kaum bekannt und schon gar nicht beliebt. Der Rest handelt vom Leben in der Großstadt, seinen Slums (in Buenos Aires vornehm *barrio* = Stadtteil und *arrabal* = Vorstadt genannt), von Armut, verlorener Liebe (und verlorenem Geld), von der verlassenen Heimat und zerplatzten Träumen. Aber nicht vom schönen Landleben.

Dass der Tango in **Bordellen** entstand und dort bevorzugt getanzt wurde, ist ein Mythos. Allerdings unterschieden sich die Kneipen und Tanzbars nicht sehr von den Rotlichthäusern. Noch in den 1950er Jahren war es für Musiker üblich, bis Mitternacht in einem Salon zum Tanz aufzuspielen, und zu später Stunde in einem anderen Salon als "Vermittler" tätig zu werden. Der Leser soll nicht glauben, dass derartige Tanzsalons Sündenpfuhle par excellence waren. Vor nicht allzu langer Zeit entdeckte man ein geheimes Zimmer in der Pariser Oper, wohin sich reiche Gönner mit den von ihnen ausgewählten Tänzerinnen zurückziehen konnten, in eindeutiger Absicht. Die Pariser Oper ein heimliches Bordell - davon spricht keiner. Nur beim Tango wird das extra erwähnt.

Deswegen gehören Rotlicht und Netzstrümpfe immer noch zum Tango, und eine Veranstaltung wie "Nackter Tango" (in Anlehnung an den Film gleichen Namens) oder "Sinnlicher Tango" findet zunehmend Anklang. Dabei dürfen/können/sollen die

Damen sich so kleiden, wie sie (oder die Männer) es gerne haben, während die Männer in Anzug und Fliege Vornehmheit verbreiten. Ein bisschen verrucht soll's schon sein, sonst wird der Tango uninteressant.

Zu den musikalischen Wurzeln des Tango gehört unter anderem die **Candombe**, die auch heute noch gelegentlich gespielt und als "Milonga" getanzt wird. Sie war ein flotter Tanz der Schwarzen mit Trommelbegleitung. Aus ihm entwickelte sich die schnelle **Milonga** mit ihrem gleichmäßigen Rhythmus ohne die Möglichkeit zu großen Figuren. Dazu ist sie zu schnell. Dafür ist sie fröhlich und unbeschwert. Sie hat am ehesten ländlich-folkloristischen Charakter und passt am besten in einen Western-Saloon. Dummerweise bedeutet "Milonga" auch eine Tango-Tanzveranstaltung, eine Art informellen Ball.

Die **Habanera** kommt aus Kuba, fand ihren Weg nach Spanien, dann nach Paris, und von dort auf kürzestem Weg nach Buenos Aires, gegen Ende des 19. Jahrhunderts. Sie steht rhythmisch dem Tango sehr nahe. Eine typische Habanera finden wir in der Oper "Carmen". Aber auch die Anfangstakte des Uraltschlagers "La Paloma" haben genau diesen Takt. Es klingt schon sehr nach Tango. Von allen Tanz-Vorfahren des Tango ist sie am differenziertesten. Sie lässt Pausen, Synkopen und Rhythmuswechsel zu.

Als die reichen Leute von Buenos Aires (sie nennen sich selbst Porteños = Hafenbewohner) ihr Geld in Paris verjubelten, lernten sie dort um 1900 den zu Hause verachteten Tango kennen, und den Musette-Walzer. Beide Tänze wurden (re-)importiert, und so ist der Vals ein Grundbestandteil jeder Tango-Tanzveranstaltung. Walzer sind romantisch und elegant und passen auf große, vornehme Bälle.

Ab 1890 war der Tango in seiner heutigen Form und mit diesem Namen etabliert, wenngleich von der argentinischen Oberschicht verachtet. Erst als sie ihn in Paris kennen lernten, waren sie begeistert, denn alles, was aus Paris kam, war für die Porteños damals so überlegen wie heutzutage für uns alles, was aus den USA kommt.

La Guardia Vieja - die alte Garde

Die musikalischen Wurzeln des Tango sind vielfältig. Bereits der Ursprung des Worts liegt im Dunkeln. Meist wird der Ausdruck "Tango" in Verbindung mit Musik oder Klang oder Geräuschen gebracht. Manche meinen, in ihm stecke das lateinische Wort "tangere" für "berühren", was sehr gut passen würde. Andere führen seine Bezeichnung zurück auf die spanische Trommel "tambor", die sich über "tambo" zum "tango" wandelte. Wieder andere finden den Ursprung in einer afrikanischen Sprache, da die Sklaven aus Schwarzafrika viel zur Musik Lateinamerikas beigetragen haben: "lango" (ein kongolesischer Tanz), "shango" (ein nigerianischer Gott), "tamgu" (Bantu-Wort für "tanzen"), "tango" (kongolesisch für "geschlossener Ort").

Fakt indes ist, dass zwei Männer die Entwicklung der Tangomusik entscheidend beeinflussten.

Der erste war ein Deutscher: *Heinrich Band* hatte in Krefeld (Deutschland) eine Fabrik für Concertinas gegründet, das sind achteckige Harmonikas. Eine spezielle Concertina-Konstruktion aus dem Jahr 1856 nannte er nach sich selbst "Bandonion". Unter dem Namen Bandoneón wurde dieses ungewöhnliche und schwer zu spielende Instrument zur Seele des Tango. Doch das Bandoneón ist so schwer zu spielen, dass die Musiker den schnellen Rhythmus der "Milonga", der damals beliebtesten Tanzform, bändigen mussten. So wandelte sich der fröhliche "Negertanz" (der Tango wurde ursprünglich von freigelassenen Sklaven getanzt) zu dem schwermütigen und konzentrierten Tanz, wie wir ihn heute kennen - ein langsamer, intensiver, sehr individueller und zum Großteil improvisierter Paartanz mit ungewöhnlichen Figuren und vielen Pausen.

Trotz der Dominanz des Bandoneons herrscht auch heute noch eine erstaunliche Vielfalt der Instrumentation im Tango; zu seinen Urzeiten war es noch viel bunter. Da begleiteten Sänger sich selbst mit der Gitarre, Flöten spielten auf, Geigen brachten etwas Süßliches in die Musik, das Klavier diente als Melodie- und als Rhythmus-Instrument. Saxofone, Tubas, Harfen - sie alle wurden und werden im Tango verwendet. Nur ein Instrument fehlt seltsamerweise: das Schlagzeug. Weil also niemand den Rhythmus permanent vorgibt, müssen andere Instrumente diesen übernehmen: das Klavier, der Bass, die Geigen (pizzicato), die Gitarre, fast jedes Instrument. Diese Art, sich nicht festzulegen, macht die Musik so vielfältig und faszinierend. Und sie überträgt sich auf den Tanz.

Von den Musikern und Komponisten wissen wir nicht viel. Einer der Tangos aus dieser Zeit heißt "El Choclo" (der Maiskolben, 1903) und bedeutet natürlich etwas Obszönes. Sein Komponist, *Angel Gregorio Villoldo*, war Fuhrmann, Schlachthof-Angestellter, Zirkusclown und Journalist. Er war Sänger und Gitarrist und spielte auch die Mundharmonika. In seinem Lied heißt es am Anfang selbstbewusst:

Mit diesem Tango,
der spöttisch ist und zuhälterisch,
gab sich der Ehrgeiz meiner Vorstadt Flügel;
mit diesem Tango
wurde der Tango geboren.

Tango Canción - der gesungene Tango

Der zweite Mann, der den Tango wesentlich beeinflusste und über Nacht das Tangolied ("Canzion de Tango") aus der Taufe hob, war der in Toulouse (Frankreich) oder Tacuarembó (Uruguay) 1890 geborene *Charles Romuald Gardes*. Mit drei Jahren wanderte seine Mutter mit ihm nach Buenos Aires aus - so die Legende - , wo er bald durch seine Gesangskünste glänzte und sich in **Carlos Gardel** umbenannte. An einem Abend im Januar 1917 besang er im Teatro Esmeralda seine "traurige Nacht" ("Mi noche triste") (die Geliebte hatte ihn verlassen) und wurde mit diesem Lied über eine Nacht sozusagen über Nacht berühmt. Darin heißt es unter anderem:

Du bist verschwunden,
in der Blüte meiner Jahre,
hast meine Seele verwundet
und einen Dorn im Herzen hinterlassen,
wohl wissend, dass ich dich liebte ...
Für mich gibt's keinen Trost mehr,
ich besaufe mich.

Nicht nur, dass Gardel eine beispiellose Karriere begann, die ihn in die USA und nach Paris brachte; mit dieser Form des gesungenen Tango (mit Gitarrenbegleitung) prägte er bis heute Inhalt und Stimmung der Tangolieder und damit auch des Tanzes. Die Lieder sind immer noch voll Melancholie und Abschiedsschmerz, voll Wehmut und Sehnsucht nach einer besseren Zeit, die - das weiß auch der Sänger - in dieser Form nie existierte, sondern nur in der Erinnerung als Illusion fortlebt. Sozialkritik, politische Themen, Arbeitskampf oder gesellschaftspolitische Reflexionen gab es so gut wie keine. Tangotexte sind, nach Gardel,

"Träume voller Sehnsucht nach dem Gestern der alten Zeit, die ich beweine und die niemals wiederkehrt."

1935 kam Gardel bei einem Flugzeugunglück ums Leben. Im Cockpit hatte es offenbar vorher eine Auseinandersetzung und Schüsse gegeben - ein würdiger Abgang für einen Tangosänger. Und noch heute, fast 80 Jahre nach seinem Tod, steckt in den kalten Fingern seines Denkmals am Friedhof "Chacarita" in Buenos Aires immer eine brennende Zigarette. So was Ähnliches gibt es nur noch in Paris, wo am Grab von Edith Piaf auch heute noch stets frische Blumen liegen.

Die Texter seit Gardel hoben den gesungenen Tango weit über das Niveau üblicher Schlager hinaus. Wo Schlager eine unverbindliche heile Welt propagieren, zeigt der Tango die Realität konkreter Situationen in all ihrer Düsterkeit. Zudem dürfen Männer in Tangotexten Gefühle haben und sogar weinen - etwas für lateinamerikanische "Machos" durchaus Ungewöhnliches.

Indes: Die Betonung von Trauer, Melancholie, Schmerz, Abschied, Wehmut usw. ist eine Neuerung des Tango. Ursprünglich waren die Texte eher frivol, listig, spöttisch, mehr vergleichbar einem bayerischen "Schnadahüpferl" als einem amerikanischen Blues, dem sie später sehr ähnelten. Auch im Blues geht es meist darum, dass die Dame des Herzens ihren Liebhaber schnöde verlassen hat und damit an allem Elend der Welt Schuld trägt. Ein wenig von Freude, Spott und sinnlosen Wortspielen ist in manchen deutschen Tangos erhalten geblieben. *Max Raabe*, der vornehme Sänger grotesker Lieder aus den Zwanzigerjahren, kann die Ironie der frühen Tangos in unnachahmlicher Weise zum Leben erwecken, etwa in dem sinnfreien Stück "Unter den Pinien von Argentinien". Da werden einige Pflanzen zum Leben erweckt, nur des Reimes willen. Das merkt man besonders am Ende, denn "unter den Kakteen ist es dann geschehen". Die armen Liebhaber! Und auch *Friedel Hensch und die Zypries* haben die alte Tangotradition spöttischer Verse und die Verunglimpfung rührseliger Romantik weiter gepflegt, so in ihrer Hymne an den "Roten Mond von Wanne-Eickel". Allein der Ortsname lässt jegliche Romantik in einem Schauer trivialer Anspielungen zerschmelzen.

Das Goldene Zeitalter

Ab ca. 1935 beginnt das "Goldene Zeitalter" des Tango. Die Orchester wurden immer größer, die Tanzsäle auch. Den Menschen in Argentinien ging es gut, weil sie ihr Rindfleisch gewinnbringend verkaufen konnten. Zudem verbreiteten Radio und Film den Tango in Argentinien und in den USA. Die Musik war immer tanzbar, erscheint uns aber heute wie Barockmusik, also gleichförmig und kaum unterscheidbar. Doch Männer wie *Juan D'Arienzo* mit seinen starken Rhythmen und *Francisco Canaro* mit seiner gemütlichen Musik und dem Riesenorchester trugen wesentlich zur Popularität des Tango als Tanz bei. Es ist vielen hervorragenden Komponisten und Interpreten zu verdanken, dass die Stücke dieser Zeit immer noch getanzt werden und als Inbegriff des "klassischen" oder "traditionellen" Tango gelten, so die Orchester von *Anibal Troilo, Carlos di Sarli, Osvaldo Pugliese* und viele andere.

Tango nuevo

Die große Erneuerung des Musikstils kam mit *Osvaldo Pugliese* (1905 - 1995). Bereits in den Vierzigerjahren begann er, mit Rhythmen und Pausen zu experimentieren. Seine Stücke wie "La Yumba" oder "Zum" sind Meilensteine moderner und bestens tanzbarerer Tangomusik. Sein Walzer "Desde el Alma" (etwa: aus tiefster Seele) warf alle Regeln der Walzermusik über den Haufen: Statt durchgehender, schöner, verbindlicher Melodiebögen legt Pugliese lange Pausen ein; statt eines gleichmäßigen Rhythmus variiert Pugliese den Takt, vom Stillstand zum schnellen Finale. Und das Besondere an seinen Stücken: Bei langsamen Passagen baut sich im Hintergrund ein pochender, immer lauter werdender Rhythmus auf, und der Tänzer muss sich irritiert (oder erfreut, je nach Können) auf die Überlagerung einstellen. Pugliese starb 100jährig, als er bei einem Konzert tot über seinem Klavier zusammenbrach.

Leider wird der Ausdruck "Tango nuevo" auch für neue Tanzformen des Tango verwendet, die aber keineswegs an die gleichnamige Musik gebunden sind. Das führt zu unangenehmen Verwechslungen. Über neue Tanzstile siehe das nächste Kapitel.

Eiszeit

1955 war dann alles zu Ende. In diesem Jahr wurde *Juan Perón* gestürzt, und eine Reihe übler Militärdiktaturen erstickte das kulturelle Leben Argentiniens. Perón und seine tangotanzende Gattin Evita hatten den Tango mit staatlichen Geldern unterstützt. Jetzt, unter *Jorge Videla* und anderen Massenmördern, war die Versammlung von drei oder mehr Leuten verboten, da subversiv und staatszersetzend. Aber zu zweit Tango tanzen macht keinen Spaß; das Tangopaar braucht die anderen Tänzer als Stimulation, die Zuschauer als Publikum. Die Tanzfläche ("pista") ist Bewegungsgrundlage und Bühne zugleich. Trotz ihrer persönlichen und unpolitischen Texte präsentierte zumindest *ein* Tango einen eher staatszersetzenden Inhalt, was die Machthaber in ihrem Verbot des Tango bestärkte: "Cambalache" (von "mauscheln"; ein Laden, wo Gestohlenes verschachert wird) von *Enrique Santos Discépolo* aus dem Jahr 1934, drückte zeitlose Erkenntnisse aus. Darin heißt es unter anderem:

Ein Esel ist genauso gut
wie ein großer Professor,
Die Schurken haben uns eingeholt.
Der eine täuscht und verleumdet,
der andere raubt ohne Skrupel,
dabei ist's egal, ob Priester,
Polsterer, Eichelkönig,
Schlitzohr oder blinder Passagier

Oder Politiker. Doch den Todesstoß versetzten dem Tango weniger die Militärs, als vielmehr die Beatles, wie *Irene Thomas* in ihrem Buch "The Temptation to Tango" behauptet. Tatsächlich kann man sich keinen größeren Gegensatz vorstellen als den zwischen dem gelangweilt-weinerlichen Gesülze der Proleten aus Liverpool und dem kraftvollen Gesang eines trotzigen Tanguero. Aber natürlich trug die angelsächsische Popmusik im Allgemeinen zum Verfall der Tangokultur bei. Oder umgekehrt: Die Tangokultur zerfiel, die amerikanische Popkultur füllte das Vakuum.

Frühlingserwachen

Tango = Tanz

Tango hatte in der "Eiszeit" nur eine Nebenrolle bei Tanzveranstaltungen gespielt, wo hauptsächlich argentinische Folklore oder amerikanischer Pop zur Aufführung kamen. Ganz am Ende gab es kurze Tango-Sequenzen - etwas, worauf die ebenso heimlichen wie glühenden Verehrer dieses Tanzes stundenlang warteten.

Das alles änderte sich mit der Bühnenshow "Tango Argentino", die 1983 in Paris Premiere feierte. Von *Claudio Segovia* und *Héctor Orezzoli* produziert und von *Juan Carlos Copes* choreographiert, ging die Show mit den damals besten Tangotänzern um die ganze Welt und entfachte ein Tanzfeuer, das bis heute anhält. Wikipedia schreibt dazu:

"Zum ersten Mal nach vielen Jahren war wieder eine authentische, nicht folkloristische Tangoaufführung außerhalb Argentiniens zu erleben. Die Show war so erfolgreich, dass das Ensemble danach sieben Jahre durch die ganze Welt tourte. Als Nachfolgeprojekt wurde in Europa 'Tango Pasión' mit den gleichen Musikern und ähnlich erfolgreich gestartet. In den USA entstand die Produktion 'Forever Tango' von Luis Bravo. 1999 wurde 'Tango Argentino' noch einmal für zwei Monate am Broadway gespielt, und 2010 in Buenos Aires am Obelisk im Rahmen eines Festivals aufgeführt. ... Vom Erfolg der Shows angeregt, entstanden in Berlin und Amsterdam wieder die ersten Tangotanzschulen, die eine neue europäische Tanzbegeisterung für den originalen Tango auslösten und seine Rückkehr an den Río de la Plata unterstützten. Ab 1984 begann also der Tango in Buenos Aires damit, sein Schattendasein zu verlassen."

Mehr zu seinem Haupttänzer und Choreographen Copes im Kapitel "Die Geschichte des Tanzes"

Tango = Jazz

Zurück zur Musik. In den 1960iger Jahren erneuerte der Jazzmusiker *Astor Piazzolla* (1921 - 1992) den Tango. Ab seinem vierten Lebensjahr wuchs er in New York auf. Über seinen Vater schrieb er: "*Mein Vater hörte ständig Tango und dachte wehmütig an Buenos Aires zurück, an seine Familie, seine Freunde – immer nur Tango, Tango.*" So begann Astor, den Tango zu hassen und sich dem Jazz und Johann Sebastian Bach zu widmen. Kurz spielte er im Tango-Tanz-Orchester von *Aníbal Troilo*, wo er sich über die Tänzer lustig machte und selbige durch Knallerbsen störte. Später verheimlichte er diese Zeit, so sehr schämte er sich für den Tango. Seine Tochter Diana sagte über ihn: "*Es interessierte ihn nicht, ob die Leute tanzten oder nicht. Er mochte den Tanz nicht. Der klassische Tango gefiel ihm nicht, und er tanzte ihn nie."*

Erst seine Pariser Musiklehrerin Nadia Boulanger überredete ihn 1954, endlich mal auch Tangos zu komponieren, zu spielen, und sich dazu zu bekennen, nachdem sie seinen Tango "Triunfal" gehört hatte. Das tat er dann auch, und es war die Geburtsstunde des **Tango nuevo**. Doch seine Stücke waren völlig untanzbar, mit Absicht. Das indes juckte die Tangotänzer nicht, denn die sind flexibel und kreativ. So begannen sie, die Stimmung eines Piazzolla-Stücks einzufangen und durch ihre Bewegungen zu illustrieren - ein Horror für den Komponisten.

Tango = Pop

Um 2000 schuf die Pariser Gruppe *Gotan Project* den **Electrotango**, auch **Neotango** genannt. Der klang wie "Techno", aber Tangotänzer sind flexibel und kreativ. So begannen sie, die Stimmung eines Electrotangos einzufangen und durch ihre Bewegungen zu illustrieren. Sie übernahmen Bewegungsabläufe vom Ballett, lösten die geschlossene Haltung, führten Wirbelbewegungen ("Colgadas") wie beim Eistanz ein und verlangten viel Körperbeherrschung von ihren Anhängern. Seitdem herrscht Krieg unter den Tangotänzern, "klassisch/traditionell" gegen "neo" - ein Krieg, den es in Buenos Aires, dem Mekka der Tangotänzer, *nicht* gibt! Dort tanzt jeder Tango, individuell, wie es dem Tanz geziemt.

Tango = Ideologie

Ein Beispiel für den Kampf der "Traditionalisten" gegen alles, was nach deren Meinung nicht "klassisch/traditionell" und damit nicht zulässig ist, finden wir in der Ankündigung einer bekannten Münchner Veranstalterin für ihre eigene Milonga:

"In diesen schweren Zeiten, wo der Wert bisher als solide geltender Tango-Titel immer mehr angezweifelt wird, wo toxische Titel gebündelt und in eigene "bad milongas" ausgelagert werden, wo sogar gut aufgestellte traditionelle Milongas nicht ohne "einen

Tropfen Gift" auskommen - da gibt es jetzt eine neue "good milonga", in der nur Titel allererster Bonität, darunter dem Publikum bisher weitgehend vorenthaltene mit besonders hohem Potential, gespielt werden."

Neotango ist also toxisch = giftig! Noch krasser drückt es die Bloggerin "Terpsichoral Tangoaddict" aus, mit der sich der Tangotänzer und Buchautor *Gerhard Riedl* in seinem stets lesenswerten "Tango-Report" auseinandergesetzt hat. In Gerhards Übersetzung aus dem Englischen meint die Dame:

Und übrigens sind (Elemente des Neotango) oft Einstiegsdrogen, welche nichtsahnende Unschuldige anlocken. Viele von ihnen bleiben sehr bald am harten Stoff hängen. Haltet ihnen nur weiterhin diese Linien weißen Pulvers vor die Nase. Eines Tages werden sie ihre Joints wegwerfen und eine Nase voll nehmen. Und bald werden sie sich einen Schuss setzen.

Der Satiriker Riedl kann es nicht lassen, diesen Beitrag solcherart zu kommentieren:

Da gibt es also die armen Heiden, welche in ihrer religiösen Minderheit – abgeschnitten von allen Veredelungen des hehren EdO-Tangos (= Goldene Epoche des Tango) – zunächst zu primitiven Piazzolla-Rhythmen herumhupfen, bis man ihnen dann die wahre Droge liefert, bei der sie schließlich in völliger körperlicher Abhängigkeit bleiben (müssen): Wird so aus der Época de Oro am Ende der Goldene Sch(l)uss?

Denn: (Es ist klar, dass es) niemals eine reinrassige „Urform" des Tangos gab. Bei aller Neigung gewisser Kreise zum deutschen Schäferhund: Unser Tanz war schon immer eine Promenadenmischung.

Wie entsetzlich die Vorstellung sein muss, einen Neotänzer vor sich zu haben (nicht etwa: ihn/sie tanzen zu sehen!), haben wir vor kurzem in einer hübschen süddeutschen Kleinstadt erlebt. Da hatte Monika genug von drei Körben und ständigen kalten Schultern (jedes Gespräch, das sie begann, wurde abgeblockt). Sie forderte

den Musikaufleger auf, der sie, wie all die anderen, abblitzen ließ.
Sie ließ nicht locker, er bequemte sich zu einer Tanda - und staunte
am Ende, was die unbekannte Dame alles konnte. Die überreichte
ihm dann unsere Postkarte mit den eigenen Tangoveranstaltungen.
Da steht unter anderem drauf:

Neo- & klassische Tangos

Als besagter Musikaufleger das las, fiel ihm die Kinnlade runter, er
flüsterte entsetzt "neo" und verschwand hinter seinem Mischpult.
Vermutlich hatte er Angst vor Ansteckung. Weil Neotango-
Anhänger bekanntlich Gift zu sich nehmen und drogenabhängig
sind, sollte man diese ihre Tätigkeit am besten in den Impfpass
eintragen lassen, der dann vor dem Eintritt vorgezeigt werden
muss, mit dem Recht des Veranstalters, ansteckungsgefährdende
Subjekte schleunigst des Saals zu verweisen.

Wie aber kommen diese selbsternannten Hüter der Tradition dazu,
eine ihnen fremde Kultur in Normen pressen zu wollen, indem sie
den Argentiniern vorschreiben: Nur das ist wahrer Tango? Was
würden diese Fundamentalisten dazu sagen, wenn irgendein
dahergelaufener, selbsternannter Tangolehrer aus Buenos Aires
ihnen sagt, wie der wahre bayerische Schuhplattler oder der wahre
holländische Holzschuhtanz auszusehen hat? Würden sie das
akzeptieren? Der Tango war schließlich immer "neo", also
rebellisch. Im Übrigen: Tango ist keine Religion, Buenos Aires ist
weder Mekka noch der Vatikan.

*Derartige Diskussionen sind nur die Fortsetzung des
Autoritätsglaubens mit anderen Mitteln, denn sie erheben Buenos
Aires zum Maß aller Dinge, obwohl Buenos Aires selbst diese
Rolle nie beansprucht hat. ... Autoritätsglaube und Formalismus
sind Fesseln, die den geistigen Flug verhindern, der notwendig ist,
um Neues, Eigenes zu erfinden und entwickeln.*

meint der Berliner Tangotänzer *Raul.* Wobei heute genauso Non-
Tangos manche Tangoszenen beherrschen, also Stücke, die tanzbar
sind oder auch nicht, aus Jazz, Pop, Blues, Klassik und Barock.

Das Feld für musikalische und tanzmäßige Experimente ist grenzenlos.

Zusammenfassung: Die Entwicklung der Tangomusik

Grob vereinfacht könnte man die musikalische Entwicklung des Tango so darstellen: Zuerst entstanden drei verschiedene Formen des Tanzes (Milonga, eigentlicher Tango, Vals), die sich durch starke Rhythmusbetonung, aber auch (beim Tango) durch Synkopen, Verzögerungen, Pausen und "Stolperer" auszeichneten, sodass sie vom Tänzer besondere Aufmerksamkeit und Improvisationstalent erfordern. Hier die Entwicklung schematisch:

Candombe   **Habanera**   **Musette-Walzer**   (alle Ende 19. Jhdt)

↓   ↓   ↓

Milonga   **Tango**   **Vals**

Die weitere musikalische Entwicklung geht in drei Richtungen:

- Als erstes wird die Form aufgelöst. Das beginnt mit *Osvaldo Pugliese*, der in seinen Spätwerken ("La Yumba", 1946) Verzögerungen und Rhythmus-Überlagerungen einführt und so die einfache Form des Tanzes zu Gunsten von komplexen (aber immer noch gut tanzbaren) Strukturen aufgibt.

- Zweitens wandelt sich der Tango vom Tanz zur Kammermusik bzw. zum modernen Jazzstück durch *Astor Piazzolla*, der seine Stücke ausdrücklich *nicht* zum Tanzen komponierte, was leidenschaftliche Tangotänzer aber nicht davon abhält, seine Musik durch elegante Bewegungen zu illustrieren. Zudem erhielt der Tango durch Piazzolla endlich die Anerkennung der musikalischen Elite: Daniel Barenboim spielt seine Stücke ebenso wie Gideon Kremer.

- Drittens führten diverse Gruppen wie *Gotan Project, Bajofondo, Narcotango, Otros Aires* etc. den Rhythmus wieder ein, diesmal aber ohne Verzierungen, durchgehend einfach und pochend, wie sie ihn aus der Popmusik übernahmen. Hier die Entwicklung schematisch:

Pugliese (1950-70)
Piazzolla (1960)   **Gotan-Project, Bajofondo (2000)**
    ↓   ↓
Tango nuevo   **Elektrotango**

Wie es weiter geht, wissen wir nicht. Jedenfalls gibt es bei aufgeschlossenen Milongas durchaus auch Musikstücke, die keiner als "Tango" deklarieren würde, die aber dennoch, "Non-Tangos" genannt, gespielt und getanzt werden, beispielsweise ein Choral von Pachelbel, die Ballade eines amerikanischen Blues-Sängers oder ein griechischer Rebetiko.

Die Geschichte des Tanzes

Bis jetzt haben wir uns hauptsächlich mit der **Musik** beschäftigt, die für den Tanz den wesentlichen Untergrund darstellt. Dieses Buch widmet sich aber dem **Tanz**, sodass wir uns auch mit dieser Entwicklung beschäftigen sollten. Zudem entstand der Tango als Tanz, nicht etwa als gespieltes Bandoneon oder als gesungene Ballade. Ein bekannter Tänzer und Lehrer sagte einmal in einem Interview: Wir Tänzer hören ausschließlich auf die Musik, nicht auf den Text. Gardel adé? Jedenfalls ist der Tanz das Wesentliche am Tango, und weil Tango immer etwas Persönliches und Emotionales enthält, werde ich zu jedem Tänzer, so bekannt, ein paar persönliche Episoden und eigene Meinungen dazusetzen.

<h1 style="text-align:center">Aus der Urzeit des Tango</h1>

Ursprünglich tanzten Männer mit Männern, ohne dass daraus eine sinnliche oder gar sexuelle Beziehung abzuleiten gewesen wäre. Es gab eben praktisch keine Frauen, die Männerschritte waren völlig anders als die Frauenschritte, und gelernt hat man(n) sowieso von anderen Männern. Vielleicht liegt in dieser Vergangenheit die etwas passive Rolle der Frau im Tango. Auf jeden Fall gilt: Tango ist ein **Macho-Tanz**, d.h. ein Tanz für Männer, die gerne Verantwortung für sich, die Partnerin und die Gemeinsamkeit übernehmen und sich um ihre jeweilige Partnerin kümmern. Also etwas sehr Positives.

Zunächst tanzte das Paar sehr eng und sehr tief, also mit gebeugten Knien. Sie legt dabei ihre linke Wange an seine rechte, er umfasst mit seinem rechten Arm ihre Taille, die linke Hand steckt in der Hosentasche oder umfasst ihre rechte. Sie umschlingt mit ihrem linken Arm seinen Nacken, während ihre rechte Hand, soferne frei, auf seiner Brusttasche liegt (damit keiner während des Tanzes seine Brieftasche klaut). Diesen Stil gibt es immer noch: Er nennt sich **Canyengue**, und der Zeichner *Fernando Guibert* hat ihn in seiner (für dieses Buch extra kolorierten) Zeichnung eindrucksvoll dargestellt (siehe Bild auf Seite 36).

<h2 style="text-align:center">Erste Aufweichung der Umklammerung</h2>

In dieser Form des Umarmens - besser gesagt: des Festhaltens, der Umklammerung - wurde die Frau so misshandelt wie im Alltag. Sie wurde herumgezerrt, getreten, geschleift, gerissen. Sie konnte sich nicht wehren und hätte auch nie daran gedacht. Der erste Tänzer, von dem wir wissen, dass er die strenge Umarmung auflöste und die Frauen um einen Hauch respektvoller behandelte, war *Ovidio José Benito Bianquet*, genannt **El Cachafaz** (1885 - 1942). Sein Spitzname bedeutet "Schuft, Galgenstrick, Faulenzer, schamlos, unverschämt". Er war also ganz Kind seiner Zeit, hatte außer Tanzen nichts zu tun, ging keine festen Beziehungen ein, war ein echter *Compadrito*: aufbrausend, gewalttätig, aber auch ehrgeizig, was seine tänzerischen Fähigkeiten betraf. Dabei hat er das Tanzen gar nicht von einem Mann gelernt, wie damals üblich, sondern von einer Frau: María Celeste ("die Himmlische") brachte ihm 1913 - 1914 den Tango bei. Vorher hatte er schon einen der damals üblichen Tanzwettbewerbe gewonnen. Es gab damals keine Jury, nur das Publikum. 1937 traf er dann die (Tango-) Traumpartnerin seines Lebens, *Carmencita Calderón*. Mit ihr zelebrierte der Tänzer einen respektvollen Tanzstil, was sich in seiner ganzen Haltung (besonders der Hände) zeigte. Zudem redete er die Dame seines Tangoherzens zeitlebens mit "Sie" ("usted") an. Erstaunlich: Bis zu seinem Lebensende blieb er ihr treu, wenigstens tangomäßig.

Zu Beginn seiner Karriere reiste er nach Paris. Der dort getanzte Salontango beeinflusste ihn nachhaltig. Er brachte die Feinheit, die Eleganz und die Noblesse des Pariser Stils nach Buenos Aires, ohne seinen erdigen Canyengue-Stil deswegen aufzugeben. Um echt auftreten zu können, kleidete er sich unterschiedlich: Für den Salontango trug er eine schwarze Fliege, für den Milonga-Stil eine weiße Krawatte. Später unternahm er keine Reisen mehr. Jede Nacht verbrachte er in seinem gewohnten Bett bei seiner Mama, und er traf sich jeden Abend Punkt 18 Uhr in seinem Lieblingscafé mit seinen Freunden, immer am gleichen Tisch. Berühmt wurde er durch seine elegante Art, sein Bein zwischen das der Dame zu werfen, ohne sie zu treffen oder gar zu verletzen. So eine Figur sieht dramatisch und erotisch aus, ist aber keinem Anfänger zu empfehlen! Unterrichtet hat er niemand, das hätte ja seine Einzigartigkeit beeinträchtigt und die Konkurrenz auf die Piste gerufen.

Cachafaz prägte den Tanzstil der Dreißigerjahre des 20. Jahrhunderts wie kein anderer. Das Erstaunliche an ihm: Er war in zwei Welten zu Hause, in der erdigen Milonga (gebeugt, Hände auf Hüfthöhe) ebenso wie im eleganten Salontango (aufrecht, Hände auf Augenhöhe). Dieser Doppelcharakter des Tango - verrucht und elegant, proletarisch und aristokratisch, ländlich-besitzergreifend und städtisch-tolerant - charakterisiert den Tanz bis heute und bildet einen Teil seiner Faszination.

Dramatisierung

Die 1940iger Jahre wurden beherrscht von dem Tänzer *Carlos Alberto Estévez*, genannt **Petróleo** (1912 - 1995). Seinen Spitznamen erhielt er von dem billigen Wein, dem er sehr zugetan war und der so ölig glänzte wie die gleichnamige Flüssigkeit. Mit ihm rückt der Tango sozial eine Stufe höher. Petróleo war zwar noch kein Akademiker wie der große Copes (siehe später), aber zumindest kein Herumtreiber, sondern ein solider Bankangestellter. Dennoch gehört er zur Hälfte zu jener Spezies von argentinischem Mann, den Carlos Gardel in seinem Tango "Por una cabeza" (um eine Kopflänge, beim Pferderennen) so treffend beschreibt. Wie Gardel war auch Petróleo süchtig nach Pferderennen, bei denen er eine Menge Geld verlor. Schließlich verkaufte er sogar sein Haus und verspielte das Geld in Wettbüros.

Um 1930 fand er einen Lehrer (El Negro Navarro) und eine Tanzpartnerin (Esperanza Días), mit der er zwanzig Jahre zusammenblieb, bis ihr seine Trunksucht reichte. Petróleo blieb Wein und Tango treu und trennte fortan Privates vom Beruflichen. Die Wichtigkeit einer solchen Trennung betonte er auch in einem Interview: "*Ich trennte Sex vom Tanz. Ich wollte den Tanz.*"

Tanzstilmäßig brachte er einige neue Figuren aufs Parkett: Er verfeinerte die Drehungen (**giros**), d.h. er machte sie schneller und differenzierter. Er führte die aus dem Ballett bekannte Ein- und Ausdrehung um das eigene Bein (**enrosque, lapiz**) in den Tango ein, er machte den **gancho** und den **boleo** populär und gab letzterem seinen Namen. In beiden Figuren werden die Beine kräftig geschlagen, beim gancho gegen das Bein des Mannes, beim boleo in die Luft (oder, wenn man(n) nicht aufpasst, gegen den Körper eines anderen Tanzenden). Durch diese Figuren, deren Gebrauch sich rasch durchsetzte, wurde der Tango dramatisch und elektrisierend, er wandelte sich vom Schieber zum Showtanz.

1988 gab Petróleo als 76igjähriger das Tanzen auf, seine Knie machten nicht mehr mit. Seine Einstellung zum Tanzen spiegelt den Zeitgeist seiner Erfolgsjahre und zugleich (möglicherweise) sein Erfolgsrezept: *"Wir waren Einzelgänger, es gab zu viel Wettbewerb. Wir haben nicht miteinander geredet. Der Tänzer ist egoistisch, er denkt, er wäre der Beste. Ich dachte, ich wäre der Beste."* Was er vermutlich auch war. Die Dramatik des von ihm getanzten Tango beschreibt er sehr schön mit den Worten *"Tango ist zurückgehaltenes Gefühl, das später explodiert."* Und er betont das Individuelle und Kreative des Tango: *"Tango wird beim Tanzen erschaffen."*

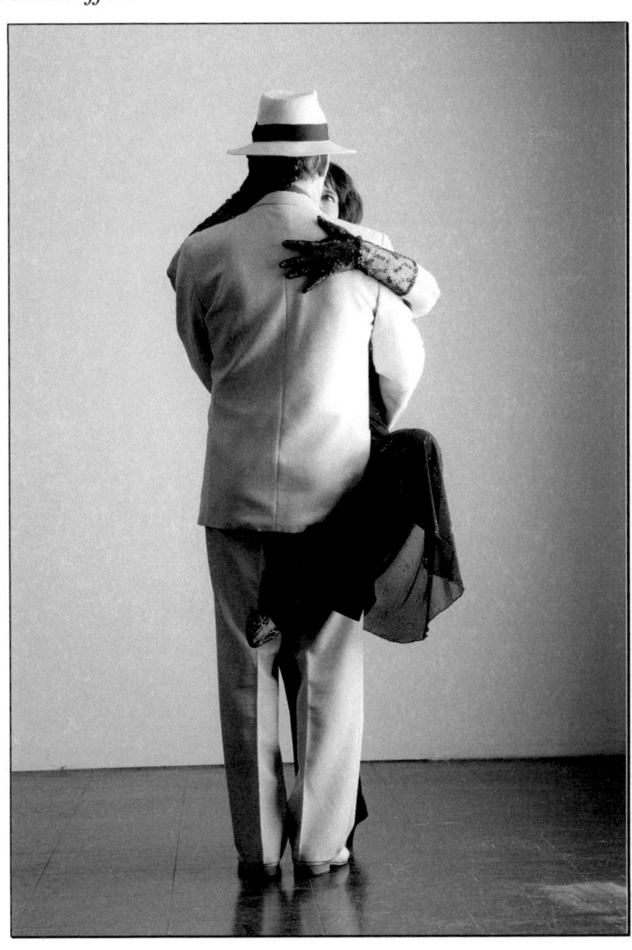

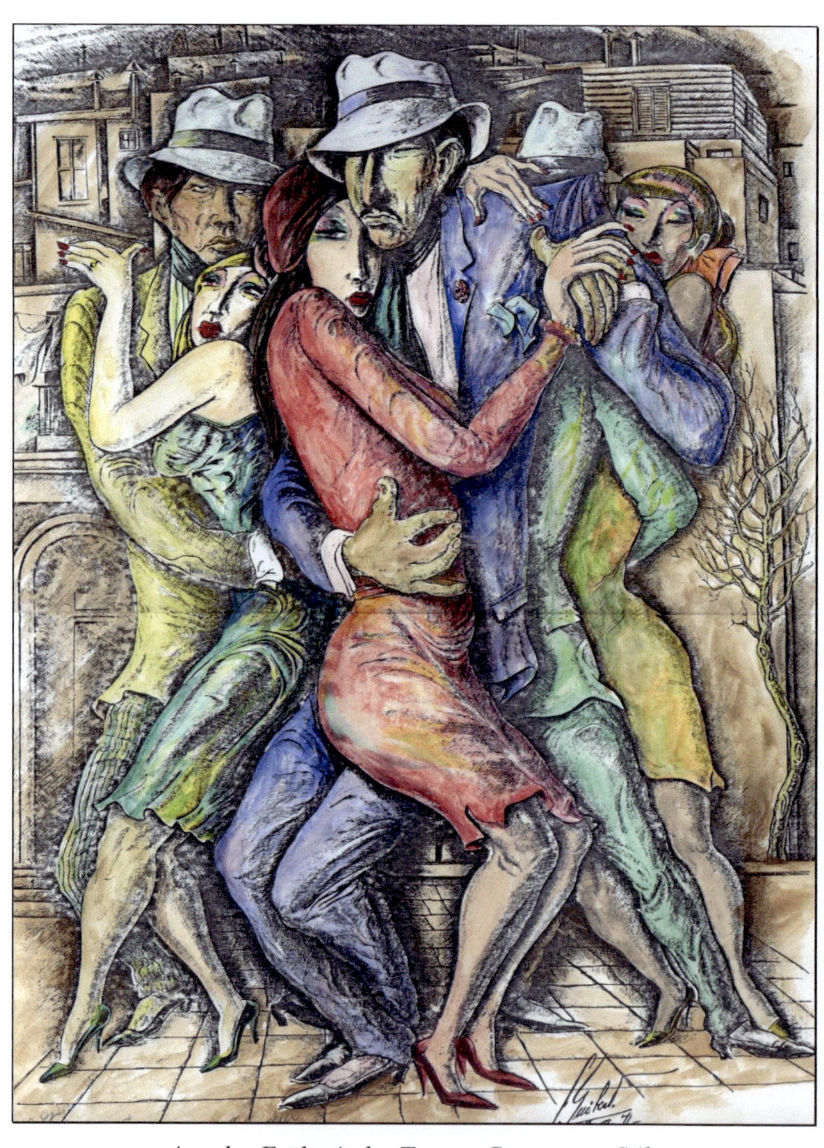

Aus der Frühzeit des Tango: Canyengue-Stil

Höhepunkt und Vollendung

Überspringen wir einige Persönlichkeiten und kommen wir zu der wichtigsten Person für den getanzten Tango: **Juan Carlos Copes** (* 1931). Seine Bedeutung für den Tango kann gar nicht hoch genug eingeschätzt werden. Er prägte das nationale und das internationale Tangogeschehen von 1960 bis 1990. Was Fred Astaire und Gene Kelly für die Hollywood-Musicals verkörperten, das war Copes für den argentinischen Tango. Nicht nur sein ebenso eleganter wie dramatischer Tanzstil macht ihn zu einer bedeutenden Persönlichkeit. Copes brillierte auch als Choreograph in der Show "Tango Argentino", die ab 1983 wesentlich zur Wiederbelebung des Tango beitrug. Er hielt die Flamme des Tanzes in der schwierigen Zeit der Militärdiktatur am Leben, und sein Ansehen war so groß, dass er von den Massenmördern in der Regierung unbehelligt blieb. Er förderte Astor Piazzolla, den großen Musik-Erneuerer, er kümmerte sich um junge Talente, unterrichtete, war der beste internationale Botschafter des Tango (und seines Heimatlandes), er tanzte im Weißen Haus vor Ronald Reagan, arbeitete mit dem berühmten Hollywood-Choreographen Bob Fosse zusammen, unterrichtete den Balletttänzer Mikhail Baryshnikov, und choreographierte Astor Piazzollas Tango-Oper "Maria de Buenos Aires". Er unterrichtete kostenlos Kinder und Jugendliche in seiner Heimatstadt, nur um den Tango am Leben zu erhalten. Die Entwicklung, die mit Cachafaz und Petróleo begann, hat er zum Höhepunkt gebracht und dabei das Ansehen des Tango enorm gefördert. Bei all seinen Erfolgen blieb er stets fröhlich und bescheiden.

Copes entstammt einer gutsituierten Familie und studierte sogar eine zeitlang Elektrotechnik, bis ihn das Tangofieber packte und er sich nur noch dem Tango widmete. Im Gegensatz zu all seinen Vorgängern dachte und handelte Copes weitsichtig: Er wollte nicht unbedingt der beste Tänzer sein oder sein Geld auf der Rennbahn verjubeln. Sein Bestreben ging danach, junge Talente zusammen mit ihm und seiner Partnerin gemeinsam auf die Bühne zu bringen und dort Geschichten zu erzählen, wie ein echter Choreograph, der er dann auch wurde. Kurzum: Er dachte auch an die Menschen um ihn herum, nicht nur (wie seine Vorgänger) bloß an sich selbst. Und diese Einstellung übertrug sich auch auf die Zuschauer.

Der Vergleich mit Astaire und Kelly ist nicht aus der Luft gegriffen: Kelly war Copes' großes Vorbild, das er sogar einmal in Los Angeles 1985 traf. So kraftvoll und geschmeidig wie der Hollywoodstar wollte auch Copes tanzen, und so perfektionierte er den "Katzenstil": Schleiche gespannt und voll konzentriert durch den Saal, und wenn die imaginäre Beute da ist, explodiere mit unglaublicher Energie in dramatische Figuren. Diesen Gegensatz der scheinbar entspannten Ruhe und der gefährlich aussehenden Bewegung praktizierte er mit seiner langjährigen Partnerin und zeitweiligen Ehefrau María Nieves in unnachahmlicher Weise.

1948 traf Copes - nein nicht seine langjährige Partnerin, sondern deren ältere Schwester Ñata. Aber die heiratete bald und stellte ihm, sozusagen als Ersatz, ihre damals 14-jährige jüngere Schwester María Nieves vor. Copes und Nieves wurden das Traumpaar des Tango, vergleichbar mit Fred Astaire & Ginger Rogers oder Gene Kelly & Syd Charisse. 1964 heirateten die beiden in Las Vegas, 1973 ließen sie sich scheiden, tanzten aber noch bis 2001 zusammen.

Die beiden wagten Figuren, die niemand sonst tanzte, wenn beispielsweise Maria mit dem Kopf nach unten in seinen Armen hing und er sie dann noch hin- und her schwenkte. Vor allem aber sah alles so wunderbar leicht und selbstverständlich aus. Sie machten keine Figuren, sie tanzten; sie gingen nicht über die pista, sie glitten über den Boden; sie wirbelten nicht über die Tanzfläche, sie strömten mit der Musik. Copes und Nieves perfektionierten die Verbindung zwischen der raschen Beinarbeit im Canyengue-Milonga-Stil mit der aufrechten Haltung der Oberkörper im Tango de Salon. Zwei völlig unterschiedliche Welten - oben so, unten ganz anders, zur gleichen Zeit - das fasziniert die Zuschauer auch heute noch am Tango.

1983 schrieb Copes Geschichte mit der Show "Tango Argentino", die von Paris aus um die Welt ging. Überall war das Spektakel ausverkauft, teils für Wochen. Die Kritiker überschlugen sich mit Lobpreisungen. Wenig bekannt, aber umso wichtiger: "Tango Argentino" zeigte, dass auch reife Menschen auf der Bühne stehen, gekonnt tanzen und sexy sein können. Doch die Show zeigte auch die dunkle Seite des Tango, zumindest den Beteiligten: Neid und Eifersucht. Bezeichnenderweise gibt es zwei Tangos mit diesem Titel: "Celos", besser bekannt unter dem französischen Titel "Jalousie", und "Envidia". Beides musste Copes auf dem Höhepunkt seines Ruhms erleben. Nach einer Aufführung am Broadway gab es in der "Time" eine begeisterte Rezension der Show, zusammen mit einem Foto der Hauptdarsteller Copes und Nieves. Am nächsten Tag beriefen die anderen sechs Paare eine Sitzung ein, in der sie den Veranstaltern Segovia und Orezzoli ein Papier übergaben, in dem sie einhellig feststellten, sie würden Copes als Choreographen nicht mehr anerkennen. Offenbar konnten sie den Ruhm ihres Meisters nicht ertragen, obwohl er ihnen genügend Raum zur Entfaltung auf der Bühne gab. Nachdem Copes und María sich einige der Argumente angehört hatten, standen sie auf und gingen. Copes suchte eine argentinische Bar auf, wo er sich betrank und weinte - wie in einem Lied von Gardel. Er tat den anderen allerdings nicht den Gefallen des Rücktritts, sondern blieb, und so lief die Show weiter, zum Wohle aller Beteiligten.

Negativ dagegen verlief die Entwicklung seiner langjährigen Partnerin **María Nieves** nach der endgültigen Trennung. María war aus einfachsten Verhältnissen gekommen und konnte durch den Tango der Armut der Familie und der Brutalität ihres Schläger-Vaters entkommen. Während ihrer Tourneen litt sie oft an Depressionen. Nach über 50 Jahren immensen Erfolgs mit ihrem zeitweiligen Lebens- und langjährigen Bühnenpartner machte sie einen radikalen Schnitt und mied den Tango fortan in jeder Form. Nicht einmal *einen* Tanz wollte sie ihrem früheren Partner gönnen, in dem Film "Tango" (1998) von Carlos Saura (Hauptrolle: Copes), trotz der Überredungsversuche des Regissörs. Wiederholt wurde sie gebeten, ihre Erfahrung an andere weiter zu geben, doch sie hielt sich auch von jeglichem Unterricht fern. In einem Interview behauptete sie, diejenigen, die keine Angst vor einem Auftritt haben, seien Lügner - eine Feststellung, die der Autor dieser Zeilen, der schon oft auf der Bühne stand, entschieden ablehnt. In einem Interview, abgedruckt in der Zeitschrift Tangodanza im Jahr 2015, bezeichnete sie als ihr Lebensziel, ihre Blumen regelmäßig zu gießen.

Noch schlimmer wird das Bild der Dame, wenn man den ihr gewidmeten Film "Der letzte Tango" gesehen hat. Da wird sie gefragt: Was würdest du tun, wenn du dein Leben noch einmal leben könntest? Ihre Antwort: *Alles wie bisher, aber ohne Juan.* Eine derartige Realitätsverleugnung grenzt an Schizophrenie: Ohne Juan hätte sie ihr Leben in Armut, Elend und Gewalt gelebt. Auch Ricardo 'El holandes', dem wir das nächste Kapitel widmen, bemerkt in einem Leserbrief an Tangodanza, Ausgabe 3/2016: "... *die nach 45 Jahren noch immer mit Feuer und Flamme über ihre Enttäuschung, von Copes verlassen worden zu sein, redet - und damit sehr ausgiebig das Klischee bedient, Männer die Arschlöcher, Frauen die Opfer. ... Krals einseitiger Blick auf dieses Paar hat Copes nicht verdient.*"

Dass es auch anders geht, zeigt die Entwicklung von *Milena Plebs*, die sich nach 13 Jahren intensiver und äußerst erfolgreicher Zusammenarbeit von ihrem Lebens- und Bühnenpartner *Miguel Angel Zotto* trennte. Über die Zeit mit ihm sagte sie in einem Interview: "*Miguel ist mein Seelenfreund und ein Teil von mir. Ich kann nicht böse auf ihn sein, sonst wäre ich es auf mich selbst.*"

Konsolidierung

Ein weiteres Paar, das viel zur Akzeptanz des Tango beigetragen hat, vor allem auch durch Unterrichtsreisen, sind **Eduardo & Gloria Arquimbau**. Da es über sie kaum biographische Daten gibt, muss ich mich aufs Hörensagen verlassen. Sie scheinen sich im Sandkasten kennengelernt zu haben, und sie sind immer noch ein glückliches Paar, privat und öffentlich. Gloria war in ihrer

Jugend eine außerordentliche Schönheit. Jetzt haben die beiden eine eher südländische Statur, was sie nicht darin hindert, die fetzigste Milonga zu tanzen, die man sich vorstellen kann. Sie führten eine witzige Figur ein, die **bicicleta** (das Fahrrad). Dabei blicken beide in die gleiche Richtung (also nach vorne), er unterfasst ihren linken Fuß mit seinem rechten und macht damit fahrradartige Bewegungen, während die beiden auf dem jeweils anderen Bein durch den Saal hüpfen.

Ich war bei beiden selbst in einem Seminar und habe dabei erlebt, was ein "Macho" ist. Die meiste Zeit hat er geredet, was normal ist, wenn es um Führung geht. Einmal hatte auch sie was zu sagen, aber die Leute hörten nicht so richtig zu. Da schimpfte Eduardo laut, wir sollten gefälligst seiner Frau den nötigen Respekt erweisen. Merke: Ein Macho kümmert sich um seine Partnerin.

Das repräsentative Paar der 1990iger Jahre waren **Ricardo & Nicole**. 1989 lernten sich Herr Klapwijk und Frau Nau kennen, in Buenos Aires, wie sich's für ein Tangopaar gehört. Bald waren sie so berühmt, dass sie eine Briefmarke in Argentinien zierten und vom Präsidenten des Landes, Carlos Menem, empfangen wurden, denn sie repräsentierten den Tango wie kein anderes Paar. Das ist umso bemerkenswerter, als beide weder Argentinier noch Einwanderer sind: Er kommt aus den Niederlanden, sie aus Deutschland.

Bemerkenswert auch die Beziehung zwischen den beiden. In ihrem Buch "Tango Dimensionen" aus dem Jahr 1999 schreibt Nicole als Einleitung: "Ohne Ricardo wäre der Tango, den ich heute tanze, undenkbar." Dann trennten sich die beiden. Ricardo unterrichtet heute in Deutschland traditionellen Tango mit wechselnden Partnerinnen. Nicole startete eine neue Karriere (und Ehe) mit *Luis Pereyra*, einem stets streng und abweisend dreinblickenden Argentinier, der (laut Wikipedia) "den Tango Argentino als Teil der argentinischen Folklore" sieht. Was dieser allerdings *nicht* ist: Der Tango hat Wurzeln im Volk, ist aber kein Volkstanz. Auch der Wiener Walzer hat Wurzeln im Bauerntanz, ist aber kein Bauerntanz.

Im Verlauf ihrer neuen Karriere hat Nicole ihre Vergangenheit vollständig verleugnet. Bei Wikipedia existiert in ihrer Biographie kein Ricardo. In dem Buch "Tanze Tango mit dem Leben - Die Geschichte einer leidenschaftlichen Liebe" aus dem Jahr 2013 ist nur in wenigen Zeilen, ohne Namensnennung, von einem "früheren Partner" die Rede, mit dem sie eher berufliche Interessen verbunden hätten. Als ob sie ihre Vergangenheit vernichten wollte.

Diejenigen, die Nicoles elegante Bewegungen und ihre schönen langen Beine bewundert hatten, waren entsetzt, als sie ihr Idol zum ersten Mal "folkloristisch" tanzen sahen: Sie rannte mit krummen Beinen über die Bühne und versuchte dabei rasend schnelle Schritte. Das hat sie in einem Interview aus dem Jahre 2011, erschienen in der Zeitschrift "Tangodanza", sogar selbst zugegeben: *"Ich, die ich gewohnt war, auf der Bühne zu glänzen, verwandelte mich neben Luis zunächst einmal in ein verängstigtes Wesen, das auf der Bühne kaum mitkommt."* Luis gehört, ihren Worten nach, zu jenen Männern, die keinerlei Eigenleben der Partnerin zulassen: *"Er tanzt und führt auf jedem Fuß und in jeder Situation alles."* Anscheinend das, was eine selbstbewusste, emanzipierte, tanzerfahrene Frau aus dem fernen Deutschland beeindruckt.

Doch es wäre ungerecht, sie nach ihrer Vergangenheit zu beurteilen. Der Tango hat immer neue Entwicklungen durchgemacht und wird es auch in Zukunft tun. Ob er sich als "Neotango" (mit Elementen aus Jazztanz, Ballett, vielleicht sogar Rock 'n Roll und Hiphop) durchsetzt, ob er als "Contango" jegliche Tanzform auflöst oder sich zum "folkloristischen Tango" (Motto: Zurück zu den Wurzeln) wandelt, das können wir nicht voraussehen und das wollen wir auch nicht beurteilen.

Erneuerung

Nun machten sich auch Tangotänzer Gedanken über den Unterricht, über das Wesen der Schritte, Figuren, Bewegungsformen. Zu Begründern dieser Art zu denken gehören *Fabián Salas* und vor allem *Gustavo Naveira*. Sie zerlegten den

Tanz in seine Atome (Schritt nach links, Schritt nach rechts, Schritt nach vorne, ...) und bauten diese wieder zu neuen Schrittfolgen zusammen. Diese eher theoretischen Überlegungen hat ein Tänzer dann in der Praxis höchst erfolgreich umgesetzt: **Mariano 'Chicho' Frúmboli** gilt als der große Erneuer des getanzten Tango, als 'Vater' des Neotangos.

Frúmboli begann seine Karriere mit 14 - als Schlagzeuger in einer Rockband. Also wurde die Musik für ihn zum wichtigsten Kriterium des Tanzens. Hier gleich vorweg: Der Ausdruck 'Neotango' ist doppeldeutig. Er bezeichnet einerseits eine musikalische Richtung, andrerseits eine neue Tanzform. Die beiden müssen nichts miteinander zu tun haben: Neotangotänzer tanzen zu jeder Musik, traditionellen Tango kann man auch zu jeder Musik tanzen.

Frúmboli brachte das Konzept der Entkopplung zur Perfektion: Die beiden Partner geben vorübergehend die enge Führung auf und gehen in die weite Führung. So können sie - auch unabhängig voneinander - Figuren machen, die in enger Umarmung unmöglich sind. Manche dieser Figuren stammen aus dem Ballett und erfordern - wie die Colgada - eine hohe Körperbeherrschung, die in einem Tanzkurs kaum vermittelt werden kann.

Doch trotz aller Selbständigkeit und Distanz der Partner hält auch Frúmboli die Umarmung für das Wichtigste im Tango, wenn er etwa ein Erlebnis beschreibt: *"Ihre Umarmung war nicht fest, sondern so, dass ich mich umfangen fühlte. In dem Moment war sie ganz bei mir und ich war ganz bei ihr."* Und er betont die Kommunikation zwischen den Partnern, *"diesen Moment des sich Einlassens aufeinander, der Liebe zu dem, was man gerade tut, die Kommunikation mit dem anderen, diesen Augenblick des Vertrauens."* Durch den Abstand zueinander ist der Mann viel mehr gefordert, mit seiner Partnerin einen Dialog aufzubauen, sie als gleichwertig zu betrachten, auch auf ihre Impulse zu reagieren, sie glänzen zu lassen (und nicht nur als notwendiges Anhängsel zu betrachten, wie im klassischen Tango). Und er meint, Tango nuevo zu tanzen wäre einfacher als Salontango oder wie immer die andere

Form heißen mag. Der Grund: Nicht alle lieben die Nähe. Frúmboli: *"Wenn ich einen Tangokurs in Dubai halte, dann kann ich den Leuten nicht sagen: Umarmt euch. Das geht dort nicht. Dennoch wollen die Menschen auch dort Tango tanzen, und sie haben auch ein Recht darauf. Aber beim Export des Tango muss eben Rücksicht auf andere Kulturen und deren Traditionen und Normen genommen werden."*

Doch der Neotango ist und bleibt eine schwierige Angelegenheit. Bezeichnenderweise war der große Neotangolehrer in München, Michael Kronthaler, früher Rock 'n Roll Tänzer und Kampfsportler. Auf seiner Webseite lesen wir über ihn und seine Partnerin Patricia: "Patrizia lernte schon als Kind Ballett, später erweiterte sie ihr Repertoire im Jazz-Tanz, im Taekwondosport und im Rock'n'Roll. Michael gehörte in den 70-er und 80-er Jahren zu den erfolgreichsten Sportlern im Taekwondo. Heute ist er Großmeister im Taekwondo und Träger des 6. Dan. Nach seiner Sportkarriere widmete er sich dem Tanz, schwerpunktmäßig dem Disco, Rock'n'Roll und auch ein wenig dem Stepp-Tanz." Daher kommt wohl der Mut, die Partnerin in gewagte Drehungen zu führen, sie an der langen Leine zu halten, ihr die Freiheit zu geben, die den Tango schon immer charakterisiert hat: *"Das Hauptmerkmal des Tango Nuevo ist die Freiheit, die der Tango auch in seinen Anfängen hatte."* (Frúmboli)

Aber: Brauchen wir überhaupt einen "Neuen Tango"? Der alte ist doch schon reich genug. Wir sollten aber nicht vergessen: Musik, Tanzstil und soziales Umfeld sind im Tango untrennbar miteinander verbunden, auf welche Weise, das bleibt ein Geheimnis. Die wilden Bewegungen des archaischen Tango wurden durch den Pariser Tango verfeinert. Der Tango mutierte vom brutalen Vorstadtgeschiebe zum eleganten Salongeplänkel. Als dann diverse Tango-Shows in den 1980iger Jahren den Tango in aller Welt bekannt machten, setzten sich wieder harte, schnelle, manchmal gewalttätig aussehende Figuren durch. Die wurden wieder weicher mit Aufkommen des Neo- und Nontangos. Also:

Brauchen wir einen neuen Tangostil, womöglich einen neuen Namen?

Auf keinen Fall, sagen die Verfechter des "klassischen" Tangos, sonst kommen uns die Tänzer abhanden. Auf jeden Fall, sagen die Verfechter eines neuen Tangos, sonst kommen uns die Tänzer abhanden. In einem amerikanischen Neotangoforum berichtet eine Teilnehmerin namens *Tina*:

Wollen wir die Jugend gewinnen, ist das Wort "Tango" allein schon zu beladen. Es klingt so altmodisch, für alte Leute gemacht. Ich krieg scheele Blicke, wenn ich erzähle, dass ich Tango tanze ... Sage ich dann, dass ich auch Salsa tanze, dann schauen sie erleichtert drein.

Eine Tatsache, die ich aus eigener Erfahrung bestätigen kann: Die Jugend findet sowohl die Musik als auch die Bewegungen des klassischen Tango ganz entsetzlich, verstaubt, gerade geeignet für Rentner auf Kaffeefahrt. Wenn die Eltern (oder ein Teil davon) sich diesem Tanz widmen, muss man sich als Sohn/Tochter dafür schämen und die Eltern in der Öffentlichkeit am besten verleugnen. Also: Soll der Tango nicht im Altersheim still verenden, brauchen wir tatsächlich etwas Neues - eben den Neotango mit seiner modernen Musik und seinen artistisch-sportlichen Bewegungen. Zugegeben, die Sinnlichkeit geht dabei verloren, der Spaß dagegen wächst.

Derek Madson, ein moderner Humanist und Tangotänzer von der University of Victoria in Kanada, hat die Notwendigkeit eines neuen Tangostils - und eines neuen Namens - in dem erwähnten Forum drastisch herausgestellt:

Die Jugend ist nicht interessiert (am Tango der 1930iger Jahre, wie er von den Vertretern des "klassischen Tango" gesehen wird), *und zwar wegen der erstickenden, unterdrückenden Kultur und Etikette, beides von Sexismus und Machismus durchdrungen. ... Viele von uns sehnen sich danach, aus diesen unterdrückenden Zwängen auszubrechen, vor allem vor der herabsetzenden Arroganz der Salontänzer, die alles schlecht machen, was einen*

Hauch von Freiheit, Kreativität und jugendlichem Überschwang in sich trägt. Sowas ist nicht "authentisch" - als ob der Tango authentisch wäre, mit seinen deutschen, italienischen, kubanischen und anderen Wurzeln.

Madson schlägt als neuen Namen "Pop Tango" vor, aber ob sich der durchsetzt (oder "Fusion Tango" oder "Millenium Tango"), das muss man abwarten. Jedenfalls wird der Kampf der Klassiker gegen die Modernen mit verbitterter Ideologie ausgetragen. Die Klassiker bestehen auf ihren Regeln, die Modernisierer tanzen. Und manchmal hat man das Gefühl, die Ablehnung neuer Tanztechniken durch die "Klassiker" liegt daran, dass im neuen Tango viel mehr Körperbeherrschung, Improvisationstalent, Musikalität und Kreativität verlangt werden. Was ganz selbstverständlich voraussetzt, dass erst mal die Grundlagen des traditionellen Tangos perfekt beherrscht werden!

Letztenendes tun die Neotänzer das, was Pflicht und Kür des echten Tangotänzers ausmacht: Sie illustrieren mit ihren Bewegungen die Musik - jede Musik. Und das ist weit mehr, als Schritte zu setzen, Figuren abzutanzen oder sich an verstaubte Regeln zu halten. Denn das ist wahre Tradition: nicht die Anbetung der Asche, sondern die Bewahrung des Feuers - ein Zitat, das Gustav Mahler zugeschrieben wird.

Erweiterung

Aber: Wer kann bei all den Verrenkungen der Neotangotänzer noch mithalten? Das interessiert die Evolution als Naturkraft nicht sonderlich. Der Tango entwickelt sich ständig weiter - irgendwohin. Er spaltet sich in verschiedene Äste auf, gebiert Ableger, lässt Äste verdorren und ganz neue Arten entstehen. Es gibt so viele Möglichkeiten, so viele Wege.

Zum Beispiel den **Queer Tango**. Wikipedia definiert ihn so: "Der Queer Tango ist eine Variante des Tangos, bei dem die traditionellen Geschlechterrollen beliebig gewechselt werden können und auch gleichgeschlechtliche Tanzpaare möglich sind. ... schließt mit dem Begriff auch heterosexuelle Tanzpaare ein, die die konventionellen Geschlechterrollen ignorieren." Eigene Veranstaltungen dieser Art gibt es in allen größeren Städten, vor allem in Buenos Aires. Notwendig wäre ein eigener Ort nicht, denn niemand findet Schlimmes dran, wenn Frauen mit Frauen oder Männer mit Männern tanzen. Und wer wen führt, ist eine individuelle Angelegenheit wie die Religion. Dagegen sind Kurse "Frauen führen Frauen" sicher sinnvoll.

Allerdings: Für viele ist Tango eben Religion. Und deswegen muss es in der "Hauptstadt der Bewegung" eigene Lokalitäten geben, wo solche - für uns Mitteleuropäer selbstverständliche - Aktivitäten ausgelebt werden dürfen. Dem "echten" Mann fällt offenbar ein Zacken aus der Krone, wenn er eine Frau sieht, die so gut führen kann wie er - oder besser.

Oder der **Contango**. Hier werden nicht nur traditionelle Rollenklischees in Frage gestellt, hier wird die Form völlig aufgelöst und die Partnerschaft verschwindet. Die Jugend von heute kennt viele Techniken der Köperbeherrschung, welche den alten Tänzern völlig unbekannt waren. Sie machen Joga, Alexander-Technik, Jazz-Tanz, Modern Dance, Kontakt-Improvisation und vieles mehr. Manches davon hat auch Eingang in die Tangoszene gefunden. So gibt es eben auch Damen (meistens - die Herren halten sich offenbar eher an Konventionen), die alleine durch den Saal schweben und die verrücktesten Verrenkungen absolvieren. Tanzen sie mal zu zweit, wird ihnen das schnell langweilig, sodass eine dritte Person hinzugezogen wird und sich die drei Leiber in höchst verwerflichen Wirbeln schlangengleich umeinander winden. Ist das noch Tango? Brauchen wir diese Frage überhaupt?

Diese Form der Tanz-Improvisation wird auf einer Webseite so angepriesen: *"Contango ist ein Mix aus Tango Argentino, Contact Improvisation und Freestyle Dance. Ohne Tangokenntnisse lernen Sie bei der Einführung bereits genug Basics, um genussvoll miteinander zu tanzen. TangotänzerInnen finden beim Contango neue Impulse: Wechselseitiges Folgen und Führen erweitert die klassische Männer- und Frauenrolle. Dadurch entsteht ein ganz eigener Tanzflow mit intuitivem, entspanntem Führen. Variable Tanzhaltungen, Lehnen und Shaping (Umformen, Schmiegen, Arm-Moves, Suspension, Verzieren, ...) bringen Kreativität und Überraschung in diesen sinnlichen Paar-Tanz."* Er ist so unkonventionell, dass die meisten ihn ablehnen und nicht als Tango betrachten.

Auf noch mehr Ablehnung stieß bei seiner Einführung der **Nackte Tango**. Dabei handelt es sich nicht um eine spezielle Tanzform, sondern um eine spezielle Veranstaltung. Nach dem gleichnamigen Film sollen sich die Herren vornehm kleiden, die Damen wie im Film, also gar nicht. Oder wie die Herren, oder alles dazwischen. Erlaubt sind also alle Kleidungsstücke, von denen man glaubt, dass sie auch in argentinischen Bordellen die Damen zierten.

Diese Form der geschlossenen Veranstaltung führte zu heftigen Protesten, ausschließlich von Leuten, die nicht dabei waren. Veronika von Heise-Rotenburg, früher Veronika Fischer, auf ihrer Webseite als "La potranca" ("das Fohlen") bekannt, war dabei und hat die Veranstaltung verteidigt und dabei einige Erfahrungen präsentiert, über die sonst nicht gesprochen wird. Als erstes geht sie auf die Asymmetrie der Kleidervorschrift ein:

Warum tanzten nicht mehr Herren „nackt" oder im Dresscode? Ganz einfach machte ich mir die Antwort, wenn ich schriebe: weil es so auf der Einladung zur Veranstaltung erbeten wurde, wo für Herren Anzug/Smoking vorgeschlagen war. Komplexer ist wohl die Erklärung mittels eines inhärenten Hangs zur Verkleidung: während so gut wie jede Frau in Laufe der Woche zwischen Business-Woman, Mutter, Shopping-Freundin und frivoler Geliebter wechselt (und für letzteres zumindest Strumpfhalter und eine Corsage im Schrank hat), gibt's für Männer wesentlich weniger Klischee-Rollen – und kaum alltagsgängige Dessous.

Das Spiel mit Persönlichkeitsanteilen, mit Rollen und Verkleidung mag also einem Mann schwerer fallen als einer Frau – innerlich wie äußerlich. Letztlich mag es auch an der Rücksichtnahme gelegen haben: viele Männer transpirieren und wissen darum –

unangenehm genug, beim Tanzen das Hemd durchzuschwitzen, viel schlimmer, damit nackt eine ebenso nackte Tanzpartnerin (die nicht zugleich Lebenspartnerin ist) zu belästigen. Insofern wissen Frauen die Rücksichtnahme in den meisten Fällen durchaus zu schätzen...

Sie meint auch, es wäre für die Frauen sowieso viel angenehmer, ohne BH zu tanzen. Und die Männer?

Die Männer, die mit (Frauen ohne BH) tanzen, empfinden die Brust-Bewegung als durchaus anregend und natürlich. Hier sei auch vor dem Perfektionismus-Anspruch gewarnt, der beim „Nackten Tango" so wohltuend fehlte: es waren vielfältige Körper nackt und halbverhüllt zu sehen, junge und alte, dicke und dünne. Und jeder auf seiner Art war schön – weil von einem Menschen bewohnt, der sich darin wohlfühlte, ob die Brüste nun wackelten oder die Cellulitis dellte.

Dazu muss allerdings klargestellt werden: Bei einer solchen Veranstaltung ist Nacktsein für die Frauen keineswegs Pflicht, sondern nur eine Ausdrucksmöglichkeit, von der in der Praxis eher eine Minderheit - und auch das in unterschiedlichen Graden der Enthüllung - Gebrauch macht. Zudem handelt es sich immer noch um Tango-Tanzveranstaltungen, keinen Swinger-Klub!

Veronika sieht in solchen Veranstaltungen etwas durchaus Positives auch für den normalen Tango:

Hier wünsche ich der Tangoszene und damit uns allen, mit Erotik als Basiselement des Tangos, sei sie nun auf einer „Nackt-Veranstaltung" oder in einer normalen Milonga präsent, offener umzugehen: das Erleben genießen zu lernen, anderen ihr Erleben unkommentiert und unkritisiert zu gönnen, und miteinander zu reden. Nur dann kann es gelingen, die Erotik des Tangos sowohl aus der Porno-Schmuddelecke wie auch aus dem Klischeefach (Netz¬strumpf, Schlitzrock und Macho-Posen) herauszuholen, und zu dem zu finden, was uns individuell als Person und als Paar beflügelt und befeuert. (c) Veronika Fischer 2009

Das war schon immer das Schicksal des Tango: Ablehnung und Integration, Bewahrung und Erneuerung, archaische Renaissance und postmoderne Überwindung. Die Gegenbewegung ist unausweichlich: Die Menschen werden wieder zu den Ursprüngen zurückkehren, die Frauen hart umfassen und ihnen keine Freiheit lassen, die Umarmung loben und diese als Umklammerung zelebrieren, Uralt-Konzepte als das Neueste ausgeben, als Vertreter des "einzig wahren Tango" auftreten und den nächsten Krieg der Ideologien vom Zaun brechen. Den Tango juckt das nicht, seine Anhänger auch nicht. Die Entwicklung geht weiter, der Tango wird immer der Tanz derjenigen bleiben, die sich nach Freiheit sehnen, in welcher Form auch immer. Und so soll es bleiben.

Wo man Tango tanzt

Stellen Sie sich eine Tanzveranstaltung vor, bei der vornehmlich (und vornehm) Wiener Walzer getanzt wird. Die Damen gekleidet in rauschende Roben mit weißen Handschuhen, weißen Tanzschuhen und Mini-Kronen auf dem gewellten Haar; die Herren in schwarzem Smoking oder gar Frack, mit schwarzen glänzenden Schuhen, einer Fliege und einem Stecktuch in der Brusttasche. Wo findet das statt? Natürlich in einem dem Anlass, der Kleidung und dem Status der Tanzenden angepassten vornehmen Ballsaal.

Nun versetzen Sie diese Tanzrunde in ein verräuchertes Jazzlokal, eine Hafenkaschemme, eine leerstehende Fabrik oder gar auf die Straße: Es geht nicht.

Jetzt stellen Sie sich eine Tanzveranstaltung vor, bei der spärlich bekleidete Mädels mit hochhackigen Schuhen und straßenmäßig gekleidete Jungs in Turnschuhen auf einer Party Salsa tanzen. Nun versetzen Sie diese Tanzrunde in einen vornehmen Ballsaal mit Parkettboden und Kronleuchtern: Es geht nicht.

Beim Tango geht das alles. Tango kann in jeder Kleidung und an jeder Stelle getanzt werden, vom Spiegelsaal eines Schlosses bis hinunter zur Hafenkneipe oder gar auf der Straße. Auch das macht den Tango einzigartig: Kein Tanz ist bezüglich Kleidung und Lokalität so anpassungsfähig wie er. Das liegt an seiner Vergangenheit, denn er kommt aus Spelunken, Kaschemmen, Bordellen, wurde oft in Hinterhöfen und an Straßenecken getanzt. Dennoch haben die Männer versucht, die Damen durch gute Kleidung zu beeindrucken. Später, nach seiner Anerkennung, tanzte man den Tango in großen Ballsälen bis hin zum Teatro Colon, einem der größten Konzertsäle der Welt.

Und so sieht man auch heute noch Herren in schwarzen Hosen und mit Hut mit Damen in geschlitzten Kleidern und hochhackigen Schuhen auf dem Pflaster Tango tanzen, ohne dass jemand daran Anstoß nimmt. Auch heute ist das Tanzen im Freien noch sehr beliebt, unabhängig davon, dass sich die Damen die Knie kaputt machen, wenn sie zu Drehungen gezwungen werden, ihre Schuhabsätze brechen und Stolpersteine das gemeinsame Gleichgewicht gefährlich behindern. Im Freien wird sommers wie winters getanzt (siehe meine Satire "Sibirischer Tango") und auch der Polizei getrotzt, die wieder mal zur Ruhe mahnt, weil in einer Weltstadt mit Herz um 22 Uhr die Bürger schlafen wollen, obwohl vorbei flanierende Fußgänger das alles wunderbar finden, teils mitmachen, teils zuschauen, teils applaudieren. Im Freien tanzt man in Schlossgärten, auf Brücken, unter Kolonaden, auf hartem Pflaster ebenso wie auf weichem Sand.

Das schönste Erlebnis dieser Art war der von einem Münchner Lehrer initiierte "Mitternachtstango". Da versammelte sich ein erlauchter Kreis Punkt Mitternacht an einer ungewöhnlichen Stelle - beispielsweise auf einer Verkehrsinsel am Fuße des "Friedensengel" -, baute lange Tische auf, die mit edlen weißen Tüchern belegt und mit silbernen Kerzenleuchtern geschmückt wurden. In feierlichem Aufzug lauschten wir dann den Klängen des eigens engagierten Bandoneonspielers und Sängers Roberto

Russo und tanzten, plauderten oder sahen zu, wie der Mond die seltsame Szenerie mit seinem Silberlicht erhellte.

Weitere besondere Stellen, an denen Tango getanzt wurde oder wird:

- in einem venezianischen Palazzo, der im Regen versinkt (siehe meine Satire "Wassertango");

- in einem abbruchreifen Haus, wo der Verputz von der Decke bröckelt und die Toiletten nicht mehr benutzbar sind;

- in einem schäbigen Hinterzimmer in einem Bauerngasthof;

- in einer Turnhalle und in einem Fitness-Studio;

- auf der Aussichtsterrasse eines Touristenbergs in 3000 m Höhe;

- auf einer Freifläche zu Fuße des Nationalmuseums, über den großartigen Wasserfällen und weit über der Stadt (Barcelona);

- in einem Palais aus der k. und k. Zeit (Prag);

- im Park vor der nachts beleuchteten Karlskirche (Wien);

- auf dem im heftigen Sturm schwankenden Deck eines Kreuzfahrtschiffes;

- in einem zwölf Meter hohen ehemaligen Fabrikgebäude einer Motorenfabrik mit Glasdach;

- im Mittelgang einer evangelischen Kirche (Musik: Astor Piazzolla, Instrument: Orgel);

- am Sandstrand vor der eindrucksvollen Kulisse steil aufragender Felsen mit Damen in Bikinis und hochabsätzigen Schuhen, Herren in Badehosen und Strohhüten (Capri);

- im Säulengang einer süddeutschen "Ruhmeshalle", wo auf Marmorboden unter den strengen Blicken bedeutender deutscher Persönlichkeiten bei Vollmond illegal getanzt wird;

- an der Seinepromenade in Paris;

- im Central Park in New York;

- an jeder Straßenecke im Stadtteil "La Boca" in Buenos Aires;

- in einem argentinischer Schlachthof zwischen Blutlachen (in dem Film "Nackter Tango");

- im Konzertraum einer Kunstvilla anlässlich einer Ausstellung zum Gedenken des Meisterdetektivs "Nick Knatterton" (leider ohne "Kriminaltango");

usw.

Der einzige für Tangofeste ungeeignete Ort: eine Tanzschule! Das muss relativiert werden: Der Boden einer Tanzschule ist geradezu ideal: glatt, schwingend, knieschonend. Aber an der Atmosfäre mangelt es: zu nüchtern, zu geschäftsmäßig, zu steril. Doch mit ein bisschen Schmuck und der richtigen farbigen Beleuchtung können auch diese Räumlichkeiten in eine Wohlfühlhalle für Tangotänzer verwandelt werden.

Auch in Bezug auf Bewegung hält der Tango einen Mittelweg zwischen Standard- und Lateintänzen, oder zwischen Wiener Walzer und Salsa. Beim Wiener Walzer braucht das Tanzpaar viel Platz, und es umrundet den ganzen Saal meist in großer Geschwindigkeit und in gefährlicher Rotation (gefährlich für die anderen - die ausgestreckten Ellbögen der Tänzer sind eine tückische Waffe!). Beim Salsa bleibt das Paar immer am gleichen Platz und braucht wenig Raum für den Tanz. Der Tango ist, wie üblich, sehr anpassungsfähig. Die Gruppe der Tänzer bewegt sich zwar vorwärts, aber eher langsam und ohne Gefährdung der anderen. Tango kann auch auf engstem Raum und beinahe im Stillstand getanzt werden, aber auch bei viel Platz und mit raumgreifenden Bewegungen. Wie üblich ist im Tango wieder mal alles drin!

Eine weitere Möglichkeit, die Lokalität ohne äußeren Aufwand zu verändern, besteht in der Vorgabe eines Mottos. Ob das Motto "sinnlicher Tango" lautet, oder "venezianischer Tango" oder "Vampir-Tango" - jedesmal werden die Menschen gebeten, sich diesem Motto durch Kleidung, Accessoires und Verhalten zu unterwerfen und den Abend auf ganz besondere Weise zu gestalten. Besonders gelungen erschienen uns die Motti der Veranstaltung "Tango Alchemie" in Prag. Da stand jeder Abend im Zeichen einer Farbe. Beim "roten Tango" waren alle in rot gekleidet; er fand statt in einem wunderbaren Schloss, im roten Saal, den man über einen roten Teppich erreichte, der rot beleuchtet und mit roten Fresken verziert war. Beim "weißen Tango" waren alle in weiß gekleidet; er fand statt im weißen Salon eines Palais, wo nicht nur die Wände, sondern auch alle Möbel in weiß gehalten waren und ein weißer, riesiger Kronleuchter den Saal illuminierte. Beim "goldenen Tango" waren alle in gold gekleidet; er fand statt - aber wenn Sie das interessiert, gehen Sie selber hin!

Wo auch immer Tango getanzt wird, auf Practicas oder Milongas, auf Festivals oder auf Bällen, die Verhaltensweisen sind die gleichen. Ich meine nicht die Art, wie aufgefordert wird oder ob es Tandas und Cortinas gibt. Ich meine das Verhalten der Menschen, das in sozialer Hinsicht manchmal sehr zu wünschen lässt. So gibt es Personen, Männer und Frauen, die den ganzen Abend dasitzen, mit niemandem tanzen, laufend Körbe vergeben und auf die richtige Alpha-Person warten. Kommt die nicht, gehen sie ungetanzt oder unbetanzt nach Hause. Möglicherweise haben diese Personen auch einen Grund für ihr Verhalten, besonders, wenn sie weiblichen Geschlechts sind: Es gibt Milongas, da kann es einer Frau passieren, dass sie nur noch von blutigen Anfängern aufgefordert wird, wenn sie mit den "falschen" Männern tanzt. "Falsch" ist ein Mann dann, wenn er nicht zum inneren Zirkel einer selbsternannten erleuchteten Clique gehört, deren selbstbestimmter Status meilenweit über dem der anderen Personen und Gruppen liegt.

Aber diese Typen bleiben wenigstens unter sich und schädigen andere nicht. Schlimmer sind Milongas, bei denen ein "Genius loci" vorherrscht, ein Geist des Ortes, der jegliche Kommunikation mit Fremden unterdrückt, sei diese tänzerisch oder auch nur verbal. Jeder Fremde ist unwillkommen, wir, die Auserwählten, bleiben unter uns. Da werden Neuankömmlinge behandelt wie Loriot in dem Sketch, wo sein Arm schon brennt, aber niemand ihn beachtet. Man (und frau) zeigt ihnen die kalte Schulter, wendet sich ab, wenn der arme Neue ein Gespräch anfängt, senkt den Blick, falls die unglückselige Person per Augenkontakt auffordern will, und wenn er/sie penetrant wird und gar verbal fragt: "Darf ich bitten?", dann lautet die entrüstete Antwort: Nein! Im besten Fall findet der/die so Geschasste zufällig einen anderen "Alien" (Fremden, Außerirdischen), dann geht was. Sonst muss der Eindringling eben die erlauchte Gesellschaft verlassen. Wo kämen wir hin, wenn Fremde mit unseren Männern und Frauen tanzen!

So kann sich jeder noch so unbedeutende Tanguero, jede noch so schlechte Tanguera, als etwas Besonderes fühlen, da Mitglied einer überlegenen Rasse, pardon: Clique, und damit automatisch, unabhängig von irgendwelchen Fähigkeiten, den anderen überlegen. Wenn jemand nichts ist, kein Selbstbewusstsein besitzt, keine Anerkennung erfährt, keine Zukunft sieht, bleibt nur eines: die anderen noch kleiner machen als man selber ist. So entstehen Arroganz, Verachtung und Isolation. Denn wenn man dem anderen näher käme, müsste man erkennen, dass er/sie auch nicht schlechter ist als man selbst. Und das wäre schrecklich.

Wo man Tango lernt

Man sollte meinen: Wer Tango tanzt, kann ihn auch unterrichten. Aber jeder Student weiß: Ein guter Mathematiker ist nicht unbedingt ein guter Lehrer. Dazu kommt die fehlende Tradition von Tanzschulen in Buenos Aires. Tango lernten die Männer - und die Frauen - durch Zuschauen, manchmal durch Nachahmen, niemals durch Erklären.

Wozu das führen kann, erlebte ich selbst in den Anfängen der Tangokultur in Deutschland. Da hatte eine deutsche Tangoschule einen argentinischen Gastlehrer eingeladen. Motto des Seminars: Vals. Wir erhofften uns von dem Unterricht Einblicke in Struktur und Tanzweisen des Tangowalzers. Doch der Tangolehrer, ein gemütlicher, wohlbeleibter Argentinier, zeigte uns gleich zu Beginn eine komplizierte Figurenfolge, mit Drehungen nach links, nach rechts, mit Unterbrechungen, Geradeausschritten, was noch alles. Niemand begriff etwas. Der Lehrer, ein geduldiger Mensch, zeigte uns die Sequenz noch einmal, und noch einmal und noch einmal ... Wir baten darum, uns nur einzelne Teile zu zeigen, was er verweigerte, aber er machte das Ganze mit halber Geschwindigkeit vor. Da niemand etwas begriff, half er dann, geduldig und verständnisvoll, den einzelnen Paaren, und so lernten wir auch etwas. Aber mit welchem Fuß ich wo anfangen soll, das wusste ich nachher immer noch nicht. Porteños denken eben anders.

Die andere Begegnung mit einem argentinischen Tangolehrer war eher abschreckend. Als ich einen berühmten Tangotänzer und - lehrer bat, mir zu sagen, ob eine Endlos-Rückwärts-Saccada (eine komplizierte Drehung) mit dem linken oder mit dem rechten Bein beginnen sollte, brummte er verärgert: "Schau halt zu, wenn ich die Figur zeige" und sagte weiter nichts. Der Name des Mannes war übrigens Pablo Veron ...

Ein anderes Beispiel für einen argentinischen Tangolehrer, den man tunlichst meiden sollte, wurde in Tangodanza Nr.4, 2014, vorgestellt, allerdings nicht zur Abschreckung, sondern als positives Beispiel, bei dessen Anblick "einem der Mund offensteht und die weit aufgerissenen Augen auch". Sein Name tut nichts zur Sache, den Artikel will ich auch nicht zitieren. Die Essenz des Beitrags: Die Hauptaufgabe eines Tangolehrers besteht darin, den Schüler permanent zu frustrieren und zu demütigen, indem er ihn drei Stunden lang zu Pseudo-Marschmusik um ihn herumgehen lässt, während er selbst (der Lehrer) mit einer Flasche Rotwein in der Hand besoffen in der Raummitte sitzt.

Allerdings haben Ricardo und Nicole Ähnliches von ihrem Lehrer erzählt. Auch er saß einfach da und sagte zu allem, was die beiden taten: *no*. Nach einem halben Jahr kam gelegentlich ein *si* über seine Lippen, und da wussten die beiden: Wir haben's geschafft. Darwinismus im Tango: Nur die Fanatischsten überleben!

Dazu kommt, dass die Kultur der Geheimhaltung in den argentinischen Tangotänzern beinahe genetisch verankert ist. Kein Wunder: Nur wer seine Geheimnisse bewahrte, hatte Erfolg, sozusagen ein "Alleinstellungsmerkmal". Und nur durch Berühmtheit konnte man Armut und Elend entkommen. Ein argentinischer Lehrer, der schon einige Jahre in Deutschland lebt und unterrichtet, gestand dies selber im kleinen Kreis: Ich zeige eine Figur, verheimliche aber eine wichtige technische Kleinigkeit, sodass die Leute nicht weiterkommen. Das lernen sie erst beim nächsten Kurs. Ich muss ja auch von etwas leben.

Wer also als Anfänger in die Geheimnisse des Tango eindringen will, dem sei eine im Land ansässige und auf Tango Argentino spezialisierte Tangoschule empfohlen. Die kann durchaus von einem Nicht-Deutschen betrieben werden. Das kann sogar Vorteile haben. Aber er/sie muss die deutsche Mentalität bzw. die Mentalität im Land des Unterrichts kennen und berücksichtigen. Wir müssen den Tanz erst im Kopf haben, dann geht er allmählich in die Beine über. Und es sind jene Tanzschulen zu bevorzugen, die von einem Paar betrieben werden. Schließlich braucht man zwei zum Tango, und die Beziehung zwischen den Tanzenden ist viel wichtiger als in anderen Tänzen. Das aber kann nur ein Paar zeigen, keine Einzelperson, möge sie noch so gut die Männer- und die Frauenschritte beherrschen.

Auch auf die Gefahr hin, eine Abmahnung wegen geschäftsschädigender Behauptungen zu erhalten: Die meisten klassische Tanzschulen sind für diese Art Unterricht nicht geeignet, weder für Anfänger noch für Fortgeschrittene. Erstens glauben viele approbierte Tanzlehrer, nach einem Wochenendkurs (womöglich an einer anderen Tanzschule) wüssten sie, was Tango Argentino ist. Zweitens ist die Denkweise der Tanzschullehrer und ihrer Schüler eine völlig andere. Da geht es um Leistung, um Schritte, darum, im Takt zu bleiben, eine feste Choreographie zu befolgen, nach mündlichen Befehlen zu tanzen. Also all das, was den echten Tango *nicht* ausmacht.

Wer aber schon fortgeschritten ist und es auch schafft, sich Schritte und Figuren "abzuschauen", dem ist Privatunterricht von einem echten argentinischen Paar sehr zu empfehlen. Es muss gar kein Paar sein: Ein Mann profitiert von einer Lehrerin, denn mit ihr kann er auch das Führen üben. Eine Frau profitiert von einem Lehrer, denn mit ihm kann sie auch das Geführtwerden üben. Ein Paar profitiert natürlich von einem Lehrerpaar, aber das wird möglicherweise teuer.

Die Grundelemente des Tanzes

Tanzen kann man nicht aus Büchern lernen. Dennoch ist es möglich, hier einige Missverständnisse über den Tango auszuräumen und das Wesentliche des Tanzes (aus subjektiver Sicht) klar zu machen. Gerade beim Tango ist der geistige, soziale und psychologische Hintergrund sehr wichtig. Tango wird nicht mechanisch getanzt wie ein Standardtanz, sondern seelenvoll. Da ist es ganz nützlich zu wissen, wie die Seele des Tangotänzers oder der Tangotänzerin ursprünglich aussah, wie der Tanz zu interpretieren ist.

Was Männer und Frauen machen (dürfen und müssen)

Im Tango sind Rechte und Pflichten von Mann und Frau (oder politisch korrekt: von Führendem und Folgendem) (genauer: von führender Person und folgender Person) nicht gleich, aber gleichwertig.

- Der Mann hat für die gemeinsame Bewegung sowie für die Sicherheit des Paares (und natürlich anderer Tänzer) zu sorgen. Er hat zu führen, was, wie an anderer Stelle ausgeführt, nichts anderes bedeutet, als Tanzimpulse zu setzen. Der Mann hat Können und Stimmung der Partnerin zu berücksichtigen und die Musik adäquat in Tanz zu verwandeln. Nach dem Tanz, wenn sie sich trennen, sollte er die Partnerin an ihren Platz zurückbringen oder ihr zumindest zeigen, wo sie gesessen hat, denn beim Tanzen schließt sie meist die Augen, und so weiß sie am Ende nicht, wo sich das Paar gerade befindet (was in großen Tanzsälen durchaus ein Problem sein kann).

- Die Frau hat die körperliche Nähe zum Mann stets aufrecht zu erhalten, außer, er öffnet das Paar für eine besondere Figur (z.B. Ocho, Colgada). "Nähe" bedeutet: Die Oberkörper sind parallel, selbst bei starker Verdrehung der Unterkörper. Durch die körperliche Nähe hat sie seine Impulse aufzunehmen und zu verarbeiten. Was nicht heißt, dass sie immer etwas tut oder gar das tut, was sie meint, dass der Mann von ihr verlangt. Sie muss nur wissen, was er will bzw. ihren Beitrag zur Aufnahme seiner Führungsimpulse leisten. Eine gewisse Körpernähe hilft da sehr; mit großem Abstand weiß frau nicht, was man will! Legt der Mann eine Pause ein, darf sie kleine Verzierungen machen, aber nur so weit, dass sie jederzeit den Gang übers Parkett wieder aufnehmen kann.

Die Haltung

Dafür haben Tango-Liebhaber einen Ausdruck: **abrazo** = Umarmung. Das Wort illustriert am besten die Gemeinsamkeit des Paares, was öfter mal Probleme schafft. Südländer haben häufiger Körperkontakt als Nordländer. Erstere begrüßen einander mit Küsschen, letztere durch Händeschütteln. Noch distanzierter sind Ostasiaten oder Araber: Eine Verbeugung genügt. Nicht im Tango. Hier müssen wir einander näher kommen, und genau das macht für viele den Reiz dieses sinnlichen Tanzes aus. Denn wo gibt es eine solche Möglichkeit noch außer beim Sex? Beim Tango ist sie nicht nur erlaubt, sondern gar vorgeschrieben. Berührung ja, aber in Grenzen.

Manche Tangotänzer machen aus der Umarmung etwas Mystisches. Sie soll das Wesen des Tango ausmachen. Ein Tangolehrer behauptete sogar: Wie sich die Umarmung gleich zu Beginn des Tanzes anfühlt, so wird der Tanz, so wird die Beziehung. Das erzeugt einen viel zu großen und unnötigen seelischen Druck für die beiden. Schließlich wollen sie tanzen, nicht das Kamasutra abarbeiten. Dennoch auch hier ein Tipp: Ein bisschen langsamer tut's auch. Die Herren sind da zu schnell, die Damen hätten's lieber langsam, vorsichtig, respektvoll. Ich habe es selbst erlebt: Mir hat einmal eine Frau gezeigt, wie sinnlich und intensiv eine ganz langsame Umarmung sein kann. Allerdings handelte es sich bei der Dame nicht um eine Tanguera, sondern um eine buddhistische Nonne. "Abrazo" ist interkulturell!

Zur äußeren Haltung kommt eine innere, die am besten mit **Präsenz** umschrieben wird. Der Ausdruck bezeichnet eine vollständige Hingabe an den Tanz, die Musik, den Partner; eine Art Konzentration oder Meditation, wo der Geist leer, die Seele aber voll ist. Psychologen bezeichnen diesen Zustand auch als "flow". Leider ist er für den Herrn auf Grund äußerer Umstände schwer erreichbar. Der Herr muss die ganze Zeit auch die Umgebung im Auge behalten und darf sich nicht einfach nur auf Partnerin, Musik und Tanz konzentrieren. Die Dame kann sich schon eher in die Meditation des Tanzflusses versenken. Sie braucht nur die Augen zu schließen und sich der Führung des Mannes anvertrauen. Dann bleibt die Zeit stehen, das Leben, die Existenz; es gibt keine Zukunft und keine Vergangenheit, nur die Gegenwart, die ewig dauert.

Wie sieht nun, nach der Umarmung, die korrekte Haltung in der Praxis aus? Am effektivsten beim Tango ist die **V-Haltung** (Blick von oben):

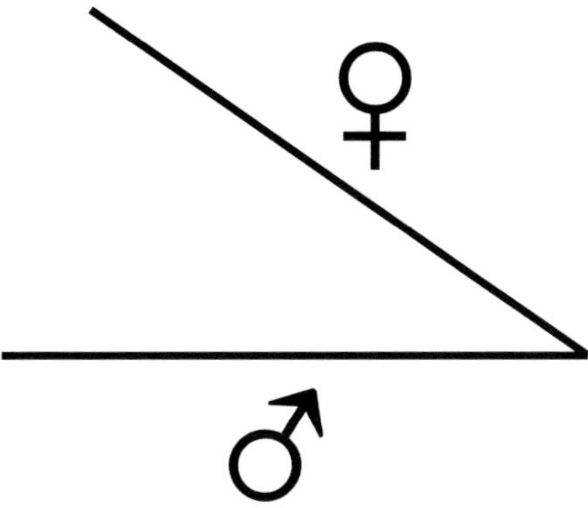

Das bedeutet: Seine rechte Seite berührt ihre linke, seine linke Seite und ihre rechte sind frei, nur durch seinen linken und ihren rechten Arm verbunden. Das Paar ist also, von ihm aus gesehen, nach links offen. In dieser Haltung sind viele Figuren möglich, die Nähe aber bleibt, und wenn sie beide nur gehen, kann das V zugeklappt werden, die Nähe ist dann vollkommen, im Gegensatz zum Standardtanz, wo immer ein bestimmter Abstand bleibt.

Wo die **Arme der Partner** zu liegen kommen, ist nicht wirklich festgelegt. Sein rechter Arm umfasst üblicherweise vorsichtig ihren Rücken unter den Armen und unter ihrem rechten Schulterblatt, sein linker Arm, ein wenig vom Köper abgewinkelt (aber nicht zu weit!) liegt auf gleicher Höhe wie ihr rechter Arm, etwa Augenhöhe, und so fassen sie einander an den Händen. Die Ellbogen der Partner liegen eher aneinander als dass sie in den Raum ragen, um andere webzuschubsen. Allerdings kann man Tango auch ganz ohne diese Verbindung tanzen: Beide lassen den jeweiligen Arm (sein linker, ihr rechter) nach unten fallen, er führt ausschließlich über den Oberkörper.

Ihre linke Hand liegt auf seiner rechten Schulter, ohne ihn zu erwürgen, oder sie ziert seinen Nacken, oder bedeckt seinen Rücken. Sie bleibt flexibel, denn wenn er eine Trennung veranlasst (wegen einer Figur), darf sie nicht klammern, sondern muss ihren Arm sanft über seinen abgleiten lassen. Jedenfalls sollte sie nie versuchen, ihre linke Hand um seinen rechten Ellbogen zu klammern, um ihn so von sich wegzudrücken! Wenn die Trennung beendet ist und das Paar wieder in die Grundhaltung übergeht - also die Umarmung - , dann kann die Dame ihre linke Hand elegant und langsam auf die bevorzugte Stelle des Mannes legen. Anders ausgedrückt: Sie muss mit ihrer linken Hand keineswegs zupacken wie ein Chamäleon auf einem schwankenden Ast. Eleganz, Zierlichkeit, Musikalität, das ist es, was den Tango und besonders die Bewegungen der Dame ausmacht, nicht zupacken oder aufstampfen.

Die **Nähe der Partner** wird ausschließlich von der Dame festgelegt. Allerdings sei den Damen geraten, den Abstand möglichst klein zu halten, sonst erkennen sie die Führungsimpulse des Herrn nicht. Sie bleibt dabei auf den Fußballen stehen. Beide stehen aufrecht und ganz leicht nach vorne gebeugt, aber nur so, dass sie ihr eigenes Gleichgewicht jederzeit behalten und den anderen nicht als Stütze brauchen. Geht das nicht, muss die Dame ihren Hintern herausstrecken, um nicht umzufallen, was der Ästhetik des Tango widerspricht. Die eigene Balance, also das sichere Stehen in der eigenen Achse, ist das Allerwichtigste im Tango, denn nur so können die beiden jederzeit blitzschnell reagieren und ihre Schritte improvisieren.

Der **Kopf** von Mann und Frau blickt gerade (im rechten Winkel zur Schulter) oder nach rechts, auf keinen Fall nach links! Manche Damen strecken ihren Kopf angestrengt vom Herrn weg, also nach links verdreht, was so aussieht, als wollten sie von ihm nichts wissen (was möglicherweise auch zutrifft). Je weiter beide ihre Köpfe nach rechts drehen, desto eher kommen die Körper an der Schmalseite des "V" zusammen. Im Extremfall tanzen sie Wange an Wange, ein schöner, aber nicht für jede(n) erstrebenswerter Zustand. Doch zumindest die Köpfe können einander berühren, das gibt Sicherheit in der Führung. Auch hier liegt es an der Dame, wie weit sie den Kontakt zulässt oder herstellt.

Die **Oberkörper** der beiden sind fast starr miteinander verbunden. Jeder der beiden muss sich vorstellen, oben wie eine

Schaufensterpuppe zu sein, also ein starres Gefüge von Armen und Schultern. Das ist ungemein wichtig für die Führung: Wenn der Mann einen Druck auf einen Arm der Frau ausübt, weicht sie mit dem Arm nicht etwa zurück, sondern sie dreht den ganzen Oberkörper samt starr damit verbundenen Armen. So entsteht Führung! Meist dreht der Mann sich mit, aber nicht immer.

Der Tango besteht für den staunenden Laien hauptsächlich aus einem gewagten, faszinierenden, unvorstellbaren Spiel der **Beine**. Die müssen also frei sein. Der Tango-Theoretiker *Rodolfo Dinzel* hat das so beschrieben: Stell dir vor, dein Oberkörper samt Armen wurde von einer Schaufensterpuppe genommen und auf eine Drehscheibe gelegt. Die Scheibe dreht sich auf Kugellagern und ist bewegungsmäßig vom Unterkörper gelöst. Der Oberkörper samt Armen und Kopf kann also völlig andere Bewegungen ausführen als der Unterkörper mit den Beinen. Oben ist alles in Ruhe, unten brodeln die Leidenschaften, verschlingen sich die Beine, lösen sich wieder, berühren einander zärtlich, tänzeln kokett umeinander, führen ein eigenes Leben. Das ist Tango!

Die Frau steht üblicherweise auf ihrem Standbein, ihr Spielbein ist frei, und die beiden Funktionen wechseln sich ständig ab. Tipp an die Damen: den Bodenkontakt mit dem Spielbein erst im allerletzten Augenblick suchen - man bzw. frau weiß ja nie, was der Herr mit dem freien Bein noch alles vorhat!

Die **Füße** sind gerade ausgerichtet oder leicht nach außen und unten gebogen, niemals nach innen oder nach oben, das sieht nicht gut aus. Wegen der leichten Außenkrümmung tanzen wir eher auf den Innenflächen der Schuhsohlen. Wir tanzen auch niemals "Hacke - Spitze", sondern (wenn überhaupt) immer nur Spitze bzw. Sohle. Die Sohlen sind nie weit vom Boden entfernt. Dennoch schleifen wir nicht übers Parkett, wir *gleiten*.

Der Tangolehrer *Ricardo Klappwijk* hat noch einen guten Rat bezüglich der Füße gegeben: Achtet nicht auf sie, sie finden den Kontakt zum Boden von selbst. Achtet auf die Beine, die sind lebendig. Und der Tangolehrer *Metin Yazir* hat uns eine

Vorstellung gegeben, die das Schwebende des Tango unterstreicht. Stellt euch vor, mitten im Brustbein sind Fäden, an denen ihr an einem Luftballon aufgehängt seid. Ihr schwebt also durch den Raum, was die Beine befreit. Die dienen keineswegs der Fortbewegung, sondern nur noch den erstaunlichen Figuren, die so typisch für den Tango sind. Ihr schwebt - glaubt es!

Die Führung

Im Deutschen und im Spanischen ("la marca") ist Führung etwas Weibliches - das sollte uns zu denken geben. Wie noch an anderer Stelle erwähnt: Führen heißt nicht, einen Kartoffelsack vor sich hinschleifen. Darum meine Bitte an die Herren: **Nicht mit den Armen rudern!** Geführt wird mit dem Oberkörper, niemals mit den Armen. Führen heißt: einen Dialog führen, bei dem der Führende - im folgenden 'Mann' genannt - Impulse setzt, also den Dialog beginnt. Das erfordert viel Energieaufwand (nicht unbedingt Kraft!): Der Mann muss sich auf die Musik konzentrieren, auf das, was er als nächstes machen will, auf seine Schritte, auf seine Partnerin, und auch auf seine Umgebung. Ziemlich viel auf einmal. Deswegen eine Bitte an die Damen: Seid nicht zu streng zu den Herren, sie haben's wirklich schwer. Wie der Anfänger beim Autofahren, wenngleich der Tango nicht ganz so gefährlich ist.

Wikipedia definiert die Führung beim Tanz so:

Bei Tänzen, in denen der Tanzpartner zeitlich zwischen einem festen Stand auf beiden Beinen und einem labilen Gleichgewicht bzw. einer Instabilität mit dem Körperschwerpunkt über dem Standbein wechselt, geht vom gut Führenden genau im Zeitpunkt des labilen Gleichgewichts ein Impuls aus, welcher den Tanzpartner veranlasst, die Richtung des Impulses einzuschlagen. Wird der Zeitpunkt des labilen Gleichgewichts verpasst, so ist eine Richtungsänderung für die nächste Tanzfigur nur sehr schwer möglich, die Harmonie wirkt durch den dann notwendigen Krafteinsatz gestört.

Gute Führung verlangt daher vorausschauende Planung der nächsten Figuren, wie auch ein präzises Timing der notwendigen Richtungsänderungen.

Also: Der Führende muss alles genau im voraus wissen und dennoch spontan aus dem Augenblick heraus agieren - keine leichte Aufgabe. Die Männer scheinen auch Probleme mit der **Festigkeit** der Führung zu haben. Manche (besonders die, welche gerade aus Buenos Aires kamen) halten die Damen unerbittlich in einem Stahl- oder Betongriff fest und erlauben keinerlei Eigenständigkeit. Andere machen das Gegenteil: Sie lassen die Dame an der langen Leine. Aber die ist so lang (die Leine, nicht die Dame), dass letztere nicht mehr weiß, was nun eigentlich geführt wurde und was getanzt werden soll. Wie sieht dann die richtige Führung aus? Wie alles im Tango: Mal so, mal so. Also flexibel.

Der Impuls der Führung wird in erster Linie durch körperliche Nähe übermittelt, nicht durch Gewalt, Rudern der Arme oder Stöße mit den Knien. So hat man in der Frühzeit des Tango geführt, als Frauen nichts wert waren und zu Hause genauso behandelt wurden. Inzwischen hat sich herumgesprochen, dass die Damen nicht nur notweniger Zierrat sind, sondern gleichwertige Partnerinnen, die Respekt verdienen. Deswegen hält der Mann die Frau nicht allzu fest in seinen Armen, mögen diese auch noch so stark sein.

Eine Tangoschule meint: Ein guter Tänzer lädt die Dame quasi ein, den von ihm frei gemachten Raum zu betreten, was allerdings nur funktioniert, wenn sie weiß, dass sie das darf. Und schließlich gibt es Figuren, wo festes Zupacken absolut notwendig ist, besonders dann, wenn die Dame dabei total aus ihrer Achse kippt und nirgendwo mehr Halt hat. Der Wechsel von lasch zu fest kann sich sogar innerhalb einer einzigen Figur vollziehen. Darum, liebe Männer: flexibel bleiben, der Situation angemessen führen und reagieren, nicht mit vorgefertigten ideologischen Vorstellungen tanzen!

Dazu kommt, dass der Mann immer wissen muss, auf welchem Bein die Dame steht. Sie steht niemals auf dem "falschen" Bein, das gibt es im Tango nicht! Das Bein, auf dem sie zu stehen kommt (sei es durch, sei es gegen die Führung des Mannes) ist ihr Standbein und darf nicht weggeschlagen werden. Spiele mit einem Damenbein sind nur möglich mit ihrem **Spielbein**, das ist das freie Bein. Darum heißt es so.

Frauen machen oft *zwei Fehler*: den des **vorauseilenden Gehorsams**, und dass sie **zu schnell tanzen**. Anfängerinnen meinen, sie müssten die Absichten des Herrn sofort erraten und schon vor seiner spürbaren Führung das tun, was sie glauben, dass er möchte, dass sie tun sollen (müssen). Er möchte das aber vielleicht gar nicht. Der vorauseilende Gehorsam mag manchen Chef erfreuen oder manche Ehe retten, im Tango ist er tödlich. Also, liebe Damen: Abwarten! Wenn Sie nicht wissen, was Sie tun sollen, hat der Herr schlecht geführt, und Sie brauchen gar nichts machen. Im Tango ist immer der Herr an allem Schuld, eine sehr bequeme Angelegenheit, denn endlich können Frauen schuldfrei ihr Tun genießen.

Auch ohne vorauseilenden Gehorsam gibt es ein Problem beim Tanzen, nämlich dann, wenn die Dame zu schnell wird. Manche Figuren sind allein ihre Sache, z.B. Ochos. Wenn die zu schnell getanzt werden, kann der Mann die Dame kaum bremsen. Er wird also auch schneller, sie auch, und das kann sich ins Groteske steigern. Also: Zeit lassen, verzögert reagieren, keine Schuldgefühle haben, wenn etwas nicht klappt! Und an die Damen gerichtet (immer wieder): Zeit lassen. Viele Figuren benötigen Zeit. Die Körper müssen in die richtige Position gebracht werden. Hat die Dame dann ihr Bein schon abgesetzt und das Gewicht verlagert, muss der Herr die intendierte Figur abbrechen und die Dame erfährt nie, was da alles möglich gewesen wäre.

Dass Geführtwerden genauso schwierig sein kann wie Führen, bekennt die berühmte Showtänzerin *Milena Plebs* in einem Interview. Gefragt, was ihr unvergesslicher Moment nach all den

Jahrzehnten eines erfüllten Tangolebens gewesen sei, antwortete
sie:

*Das Schönste war, dass ich mich endlich wirklich führen lassen
konnte. Das gelang mir aber erst nach mehr als zehn Jahren! Als
ich aufhören konnte, Impulse erraten und Bewegungen
vorwegnehmen zu wollen, tanzte ich erstmals ohne Angst. Ich
konnte mich auf einmal ganz und gar und ohne zu denken meinem
Partner überlassen. Es war ein unerhörtes Glücksgefühl und ein
metaphysisches Erlebnis. Das hat mich seitdem nie wieder
verlassen und wird mich immer begleiten.*

Beim Führen scheint es noch ein Problem zu geben, das sehr subtil
wirkt und manchen Männern das Führen erschwert - und manchen
Frauen das Geführtwerden. Wenn sich die Tanzenden überwunden
haben und in inniger Umarmung den Tanz beginnen, ist die Welt
noch in Ordnung. Denn die Umarmung ist erst mal statisch. Doch
beim Tanzen verändern sich die Positionen der Tanzenden, auch
gegenseitig. So dringt der Mann beim Vorwärtsgehen, oder wenn
nach einer Figur die enge Position wieder eingenommen wird, in
den Bereich der Frau ein. Umgekehrt (aber viel seltener) macht
das auch die Frau, wenn sie dem Mann beim Rückwärtsgehen
folgt. Das Gefühl für eine Verletzung der Intimsphäre ist
kulturbedingt. Die Porteños scheinen damit kein Problem zu haben,
die Europäer und Amerikaner schon, von anderen Völkern ganz zu
schweigen. Was hier helfen könnte, ist die bewusste Akzeptanz
dieser Tatsache, oder ihre Neuformulierung: nicht als *Verletzung*,
sondern als *Verbindung*: Wir beide gehen einen gemeinsamen
Weg, und das funktioniert nur in enger Nähe.

Gehen

Caminar (gehen) ist das Wichtigste im Tango, und mancher
Tangolehrer lässt die Schüler erst mal eine halbe Stunde alleine
nach Musik durch den Raum gehen. Das ist frustrierend, aber
Gehen im Tango müssen wir tatsächlich erst lernen. Wenn ich
Menschen beim Gehen beobachte, habe ich manchmal das Gefühl,
sie gehen gar nicht, sie versuchen vielmehr, nicht hinzufallen. Sie

stolpern immer nach vorne und fangen sich im letzten Augenblick auf. Oder sie schieben ihren massigen Körper ebenso o-beinig wie unerbittlich durch die Gegend. Beides hat mit der eleganten einfachen Fortbewegung im Tango nichts zu tun. Deshalb müssen wir Gehen lernen.

Dazu brauchen wir eine Haltung, die der des Balletts entgegengesetzt ist: Wir müssen leicht in die Knie gehen, um elegant vorwärts zu kommen. Gehen heißt jetzt, langsam und bewusst über den Boden gleiten - nicht schlurfen, nicht stolpern, nicht stampfen -, wie eine Katze, die ihre Beute belauert und sich ihr gespannt und unendlich langsam nähert. Diese Spannung brauchen wir auch. Wir dürfen aber auch nicht staksen oder wippen: Der Kopf bleibt ruhig in immer gleicher Höhe, als ob wir einen vollen Wasserkrug balancieren und keinen Tropfen verlieren dürfen.

Der Tänzer darf beim Gehen nicht zuerst das Bein vorstrecken, er geht vielmehr mit seinem Rumpf, und die Beine folgen nach. Am oberen Teil des Rumpfes, also am Oberkörper, merkt die Dame, wohin die Reise geht. Dabei nähern wir uns katzenhaft einem imaginären Ziel. Eine langjährige Tanguera aus einem lateinamerikanischen Land lobte einmal einen Tänzer folgendermaßen: Er ist ein *bailador*, kein *parador*, also ein Tänzer, kein Marschierer. Die betreffende Person hat sich über das Lob sehr gefreut ...

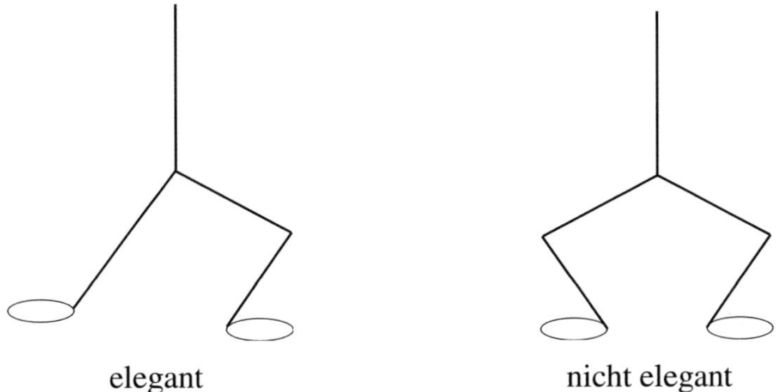

Dazu kommt, dass die Fortbewegung im Tango nicht gleichmäßig erfolgt. Wir müssen uns vorstellen, dass wir an den Innenseiten der Fußknöchel Magnete befestigt haben. Jedesmal, wenn sich unsere Füße einander nähern, verzögern die Magnete unseren Gang. Unser Schritt im Tango ist also oft verzögert, dann wieder beschleunigt. Die Knie bleiben dabei möglichst zusammen (nach innen gedrückt), wir laufen also niemals o-beinig. Das sieht hässlich aus, gehört zum Charleston oder Lindy Hop, aber nicht zum eleganten Tango. Und noch etwas: Wenn die Musik Pause macht, dürfen/können/sollen wir das auch! Wobei sich dann die Frage erhebt: Auf welchem Fuß stehen wir, auf welchem gehen wir weiter? Das herauszufinden ist Aufgabe des Mannes! Als Faustregel gilt: Im Tango wird praktisch immer abgewechselt: links - rechts - links - rechts - ad infinitum bzw. bis zum Ende des Tanzes. Wenn Unsicherheit bezüglich der Standbeine der beiden Partner besteht, müssen sich beide wieder einander angleichen. Kleine Gewichtsverlagerung, schon passt's.

Hier ein Beispiel für eine elegante Haltung (auch als Pausenpose oder Schlussfigur geeignet):

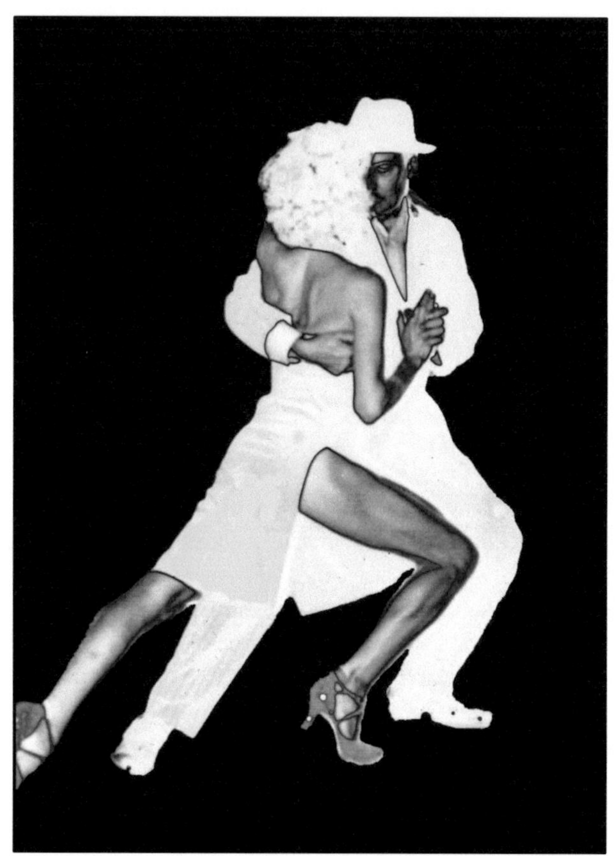

eine elegante Tango-Pose

Fazit: Ohne Körperspannung, ohne sicheres Stehen (auch auf einem Bein), ohne sauberes Gehen ist Tango tanzen nicht möglich. Allein aus dem Gehen heraus kann man in andere Tangoelemente führen. Trotzdem wird in Tanzschulen oft mit einer komplizierten Schrittfolge begonnen, an der wir nicht vorbeikommen, dem sogenannten Grundschritt.

Der Grundschritt

Tango ist eine international verbreitete Sprache, eine Art Esperanto oder "lingua franca" körperlicher Haltungen und Bewegungen. Um sich verständlich zu machen, haben sich kluge Lehrer auf eine Art internationales Tango-Alphabet geeinigt. Eigentlich handelt es sich mehr um Phrasen, weniger um Worte oder gar Buchstaben. Die wichtigste Phrase, von Tangolehrern geschätzt und von Profis verachtet, ist der Grundschritt, auch **base**, basse oder paso basico genannt. Die Meinungen zu seiner Unterrichtung gehen weit auseinander. Hier zwei Extreme:

Nicole Nau schreibt auf ihrer Webseite, ihr Mann **Luis Pereyra** meint dazu:

Solange Du den Basisschritt noch nicht tanzen, führen und in die Musik setzen kannst, ihn auch musikalisch nicht interpretieren, darf ich Dich einfach noch nicht an schwierigere Sachen herangehen lassen. ... Wenn Du den Paso Basico nicht verstehst, und in ihm nur einen Anfängerschritt siehst, bezweifel ich, dass Du jemals die Seele dieses Tango entdecken wirst, sondern immer nur nach Effekten haschen wirst. Seien es Figuren, oder die innige Umarmung.

Das genaue Gegenteil finden wir bei *Gerhard Riedl*, dem großen "Milongaführer", der die Schwierigkeiten des gar nicht so einfachen Grundschritts trefflich beleuchtet:

Für Anfänger beinhaltet die „Achterbasse" so ziemlich alle Probleme, die ihnen den Einstieg in den Tango erschweren werden:

Der erste Schritt geht rückwärts – ein Neuling, welcher (natürlich) ganz auf die Choreografie fixiert ist, übersieht es wahrscheinlich, wenn da ein anderes Paar steht, und schon gibt es den ersten Rempler! Der zweite Schritt führt (aus Sicht des „Führenden") links außenseitlich: Sollte jemals ein Oberkörperkontakt vorhanden gewesen sein, hat es sich nun damit schon erledigt, und der Mann schleift seine Partnerin mindestens bis zur „Fünf" unter dem Arm mit. In diesem Moment muss die Frau auskreuzen, sprich einen Belastungswechsel im Stand ausführen – für Anfängerinnen die beste Gelegenheit, anschließend auf dem „falschen" Fuß zu landen! Der Abschluss auf der Sieben und Acht bedeutet einen Seit-Schluss-Schritt („Chassé", beim Tango sonst eher unüblich) – wiederum eine treffliche Chance für beide, am Ende den Belastungswechsel zu übersehen und bei der nächsten Eins in einem Gestolper zu landen, meist mit unerwünschtem Fußkontakt.

Sicherlich ist der Grundschritt nicht die Basis des Tango. Früher kam man ohne ihn aus, und der Tango stützt sich auf Umarmung (abrazo) und Gehen (caminar). Erstere (also die erwähnte "innige Umarmung") als Effekthascherei zu bezeichnen, trifft nicht gerade die Substanz des Tango. Egal, ob mystische Überhöhung oder satirische Verdammung, der Schlüssel zum Erfolg oder zum Dauerfrust - bleiben wir in der Mitte und versuchen wir, diesem durchaus komplexen Regelwerk von Schritten und Haltungen etwas Gutes abzugewinnen. Ursprünglich wurde die *base* vermutlich in der Zeit der Militärdiktatur entwickelt. Damals konnte man nur im Wohnzimmer üben, Tanzveranstaltungen waren verboten. Die Paare stellten sich an der Wand auf, und der erste Schritt führte von der Wand weg, in die Zimmermitte, wo dann (nach dem Kreuzschritt der Dame) Figuren ausgeführt und geübt werden konnten. Wie auch immer, der Grundschritt ist für den Anfänger kompliziert, aber nützlich, weil man dabei schon eine ganze Menge lernen kann. Und wenn einem mal nichts mehr einfällt, kann man immer in den Grundschritt verfallen oder Teile daraus vertanzen.

Der Grundschritt besteht aus acht Schritten, immer in Tanzrichtung oder senkrecht dazu (also vorwärts bzw. links und rechts, aber niemals diagonal), von denen der erste *nicht* getanzt wird, da er zu gefährlich ist. Denn es ist ein Rückwärtsschritt, der schon viele ins Unglück stürzte, ohne dass sich die Tanzanfänger einer Schuld bewusst sind: Unser Lehrer hat uns das so gezeigt!

Wie gesagt: **niemals rückwärts und niemals diagonal gehen**, immer nur vorwärts oder seitwärts. Was bedeutet: Geht der Herr nach links und steht er nunmehr auf links, dann muss vor dem nächsten Schritt das rechte Bein erst in die Position des linken Beins gebracht, also herangezogen, werden, bevor er (mit rechts) weiter geht. Sonst latscht er breitbeinig wie ein Seemann über Deck. Das Heranziehen des anderen Beins nennen wir *verschleifen*. - Den Rest des Grundschritts zeigen wir in einer Tabelle, wobei der Herr in Tanzrichtung blickt, die Dame gegen die Tanzrichtung. Die Begriffe "vorwärts" und "rückwärts" sind rein subjektiv, also vom Standpunkt des/der Tanzenden aus gesehen.

Erklärung: ↓ = rückwärts, ↑ = vorwärts, ← = nach links, → = nach rechts, ↱ = verschleifen, ‖ = Füße parallel (auf gleicher Höhe), X = Kreuzschritt (Dame steht auf vorderem Fuß, Hinterfuß ist frei), ( ) = nur angedeutet; links/rechts = linkes/rechtes Bein

Schritt	er	sie	Tempo	Anmerkung
1	rechts (↓)	links (↑)	langsam	nur am Stand!
2	links ←	rechts →	langsam	
3	rechts ↰	links ↳	langsam → schnell	links an der Dame vorbei
4	links ↑	rechts ↓	schnell	links an der Dame vorbei
5	rechts ↑ ‖	links ↓ X	schnell	Pause, Dame "Kreuzschritt"
6	links ↑	rechts ↓	langsam	
7	rechts ↱	links ↵	langsam	
8	links →	rechts ←	sehr langsam	Pause

Mit diesem Schritt können die Partner gehen üben (mit unterschiedlichen, individuell bestimmbaren Geschwindigkeiten), sie lernen das Miteinander, das Führen und Geführtwerden (Folgen), das Setzen der Beine, Sensibilität, Eleganz, usw. Die Angaben zu Geschwindigkeiten sind nur Vorschläge. Auf jeden Fall sollte der letzte Schritt langsam gesetzt und mit Genuss vollzogen werden (leicht in die Knie gehen, das Bein langsam heranschleifen, ein Bein immer schön seitwärts gestreckt lassen). Die Dame führt Ballenschritte aus und lässt sich den Kreuzschritt am besten zeigen; er ist Ausgangspunkt für viele Figuren. Ob er geführt werden oder automatisch erfolgen soll, ist Ansichtssache. Allerdings sollten beide wissen, was los ist, denn wenn die Dame ins Kreuz geht, der Herr aber meint, es wäre anders und er einfach weitergeht, dann bringt er die Dame zu Fall.

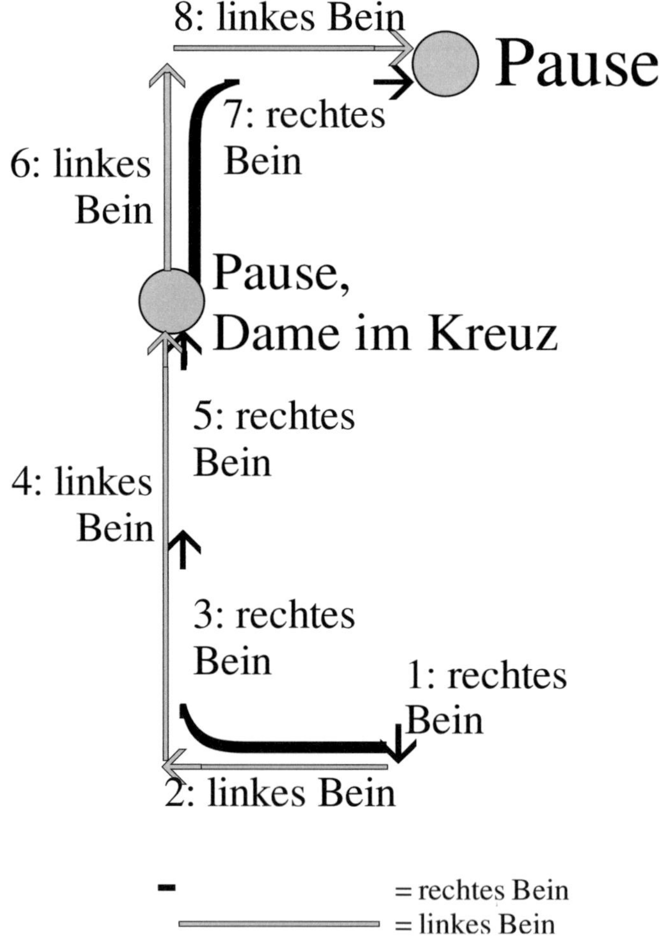

Der Grundschritt, vom Standpunkt des Herrn

Einige Figuren

Um Frust zu vermeiden, sollten Schüler gleich zu Beginn eines Kurses auch andere Figuren lernen. Der Tango besteht nicht nur aus einer korrekten Haltung (die zu erlernen ohnedies Jahre dauert), sondern auch aus Verzierungen, Figuren, artistischen Einlagen und witzigen Show-Elementen. Hier einige davon, natürlich nur angedeutet (lernen kann man sie nur in einem Kurs):

Beim **Ocho** ("8") macht die Dame achterähnliche Figuren, die elegant ausgeführt werden sollen und nicht nach Hinfallen oder Stolpern aussehen. Die Drehbewegung wird dabei vom Becken aus gesteuert, die Beine folgen sozusagen von selbst. Voraussetzung: Die Dame geht in die Knie und der Herr gibt ihr mit seiner festen linken Hand einen guten Halt. Den Ocho gibt es vorwärts und rückwärts. Die Führung in den Ocho übernimmt der Herr, danach aber ist die Dame frei, wie sie die Figur ausführt. Wer die Geschwindigkeit des Ocho bestimmt, darüber sind die Meinungen gespalten. Der Herr kann es tun durch die Geschwindigkeit seiner Pendelbewegung, die Dame kann ihn ignorieren. Gut sieht es aber nur aus, wenn beide das gleiche Tempo haben und sich einander, ohne Zwang oder Gewalt, anpassen. Erst wenn der Herr den Ocho stoppt, übernimmt er wieder die Führung.

Beim **Sandwich** zwickt der Herr den linken Fuß der Dame zwischen seine Füße und setzt sie dann auf den linken hinteren Fuß ab, indem er selbst sich nach vorne neigt. Dann zieht er sie halb nach vorne. Sie steht dann auf links und kann mit rechts hübsche Verzierungen machen, mit dem freien Bein schwungvoll ausschlagen, bis sie nach Führung des Herrn (er neigt sich wieder nach hinten) sein Bein überquert. Meine Bitte an die Herren: Zelebrieren Sie diese Figur nur bei langsamer Musik, wenn Zeit ist, und nur in einer Ecke des Tanzsaales, sonst halten Sie den Tanzfluss zu sehr auf!

Der **Boleo** (auch "Voleo" geschrieben, von "polieren") entsteht durch das plötzliche Abstoppen eines Ocho durch den Herrn, gefolgt von einer gegensätzlichen Drehbewegung seines Oberkörpers. Dadurch schwingt das Spielbein der Dame (das linke) wie ein Polierwisch über dem Boden hin und her. Vorsicht: Wenn dahinter einer steht, kriegt er oder sie die Absätze Ihrer Dame in die Seite! Für die Dame besteht die Schwierigkeit darin, ihr Standbein angespannt und ihr Schwingbein völlig locker zu lassen.

Der **Gancho** ("Haken") ist genau das, was der Name sagt: Der Herr bietet sein Bein an, indem er es stark gebeugt abstellt, sodass eine große Öffnung entsteht. Die Dame schlägt mit ihrem freien Bein rückwärts in die Lücke und umwickelt sein Bein, wobei die Kniekehlen einander berühren. Auch ein Doppel-Gancho ist möglich: Der Herr schwingt sein Bein zur gleichen Zeit um das ihre. Sieht elegant oder bedrohlich aus, je nachdem, wie's gemacht wird. Eine Bitte an die Damen: Nur ausführen, wenn's ohne Verbiegung des Oberkörper geht! Wenn nicht, dann machen Sie die nächste Figur:

Anstelle eines Gancho ist auch ein **Saludo** ("Gruß") möglich. Die Dame schwingt ihr Bein nicht um das seine, sondern an ihrem eigenen (anderen) Bein vorbei. Ein Bein grüßt sozusagen das andere. Falls die Dame im Zweifel ist, ob jetzt ein Gancho oder ein Saludo angesagt ist: Im Zweifel immer für den Saludo entscheiden. Jedenfalls dann, wenn ein Gancho nur durch eine verbotene Verbiegung des Oberkörpers möglich wäre. Bitte keine Gewalt dem eigenen Körper gegenüber anwenden!

Bei der **Saccada** (von "herausstrecken") wird das Bein des Partners vom eigenen Bein weggehebelt. Ein Saludo ist schon so eine Saccada. Besonders eindrucksvoll sind Rückwärts-Saccadas, wo der Herr in den Beinbereich der Dame rückwärts einsteigt und sie dann ihrerseits, nach einer scharfen Drehung, sein Bein wegschleudert, woraufhin er ... das wäre dann eine Endlos-Saccada. Vorher gut üben, am besten ohne Schuhe!

Bei der **Molinete** ("Mühle") geht die Dame um den Herrn herum, im Takt vorwärts - seitwärts - rück-seit-vor. Der Herr bleibt in der

Mitte stehen und dreht sich mit, wie die Nabe eines Mühlrads. Tut er das nicht, kann die Dame nicht rotieren, und so bleibt sie einfach stehen. Der Herr kann seinerseits ganz andere Figuren mitmachen, z.B. immer einen Fuß der Dame mit einem Fuß berühren. Dann wird daraus ein **Giro** ("Drehung").

Zwei typische Neotangofiguren:

Bei der **Volcada** (von "umkippen") stürzt die Dame nach vorne, der Herr hält sie gut, was nur geht, wenn sie ihr Rückgrat anspannt und gerade hält, sonst bricht er zusammen, und sie zeichnet mit ihrem freien Bein einen hübschen Halbkreis auf dem Boden.

Bei der **Colgada** (von "hängen lassen") drehen sich beide umeinander, weit zurückgelehnt. Das funktioniert nur bei einer exakten Ausbalancierung der Zentrifugalkräfte - und viel Platz auf der Tanzfläche!

Die wichtigste Figur

Die wichtigste und schönste Figur im Tango ist die **Pause**. Insoweit ist dieser Tanz einzigartig, denn eine willkürliche Pause gibt es in keinem anderen Tanz. Anfängerinnen, denen diese Figur nicht beigebracht wurde, sind oft verunsichert, wenn ich stehen bleibe. "Was muss ich denn jetzt tun?" fragen sie dann. Meine Antwort: "Das Gleiche wie ich, also nichts." Aber "Pause" heißt nicht, auf die Uhr zu schauen und sich zu fragen, wann geht es endlich weiter. Die Figur der Pause besteht im Aufbau einer ungeheuren Spannung, die durch ganz langsame Bewegungen (beispielsweise nach unten) noch verstärkt werden kann, bis dann diese angesammelte Energie explodiert und das Paar sprunghaft den Platz verlässt und sich wieder der ungehemmten Dynamik des Tango hingibt.

Nicole Nau hat die Bedeutung der Pausen im Tango sehr schön geschildert:

Der Tango ist wohl der einzige Tanz, in dem die Nicht Bewegung Teil des Tanzes ist. Der Moment, an dem das Paar scheinbar stillsteht. In den Worten des milonguero Gerardo Portalea: "Man muss die Stille tanzen. Und die Violinen. Auch wenn es sie nicht gibt." Die Entdeckung der Pause ist ein wichtiger Aspekt der Dynamik!

Bis ich die Pause im Tango entdeckte, war Tanz für mich immer Bewegung. Ich bewegte mich rhythmisch, schwungvoll, zum Takt, schnell oder langsam. Doch immer war ich in Bewegung. jeden Stop im Tango empfand ich anfangs als ein Nicht Tanzen. jede Figur erriet ich mit Leichtigkeit und war schon weg, bevor mein Partner mich durch seine Führung ausdrücklich darum bitten konnte. Ich war leichtfüßig und geschmeidig, anmutig und kreativ, wenn es darum ging, Bewegung zu entdecken.

Dann eines Tages stand das Paar plötzlich still. Ricardo und ich, mitten in einer Bewegung. Es war eine andere Stille als bisher. Kein Stoppen, sondern ein in sich schwingendes inneres Bewegen. Ein Verhalten in Erwartung.

Ist ein Paar in Bewegung, so liegt die hauptsächliche Aufmerksamkeit im Beinbereich. Dies wird besonders auffällig bei hohem Tempo der Bewegungsabläufe. In der Stille jedoch sind die Beine plötzlich stumm. Dies hat zur Folge, dass alle Aufmerksamkeit in die Oberkörper wandert und damit die Bedeutung der engen Umarmung wächst. Dies ist ein Moment höchster Spannung. Auch, weil jetzt nichts mehr ablenken kann, von dem was wirklich ist. Die Pause ist "die Sekunde der Wahrheit". Während man in der Bewegung so alles Mögliche "weghampeln" kann, muss man beim Tanzen der Pausen wirklich alles Mögliche "aushalten" können.

Nicht jeder Tangotänzer tanzt die Pause. Pausen zu tanzen ist nicht nur eine Frage des Könnens, sondern auch eine Frage des Stils und sicherlich auch eine Temperamentsache. Pausen tanzen ist ein Hochtreiben der Spannung. Ein Deckel, der verhindert, dass der

Dampf dem kochenden Topf entweichen kann. Ein Zurückhalten und Verweigern der Entladung.

Und auch Chico Frúmboli, ein Erneuerer des Tangotanzes, sagt in einem Interview: *"Wir tanzten die Stille - drei Minuten lang. Da entstand etwas."*

Die Kunst der Improvisation

Improvisation bedeutet laut Wikipedia *"etwas ohne Vorbereitung, aus dem Stegreif dar- oder herzustellen."* Dabei ist Kreativität gefragt, und Wikipedia fügt hinzu: *"Die Fähigkeit zur Improvisation ist eine wichtige Voraussetzung für die Arbeit als Unterhaltungskünstler, da eine Darbietung erst lebendig wird, wenn man auf die jeweilige Situation reagieren kann."* Besonders wichtig ist die *"Tanzimprovisation: eine Spielart des Tanzens, bei der es darum geht, aus dem Moment heraus seinen Körper zu bewegen. Das bedeutet, es gibt keine Choreographien, die getanzt werden. Jede Bewegung existiert nur in dem Augenblick, in dem sie ausgedrückt wird."* Passt genau zum Tango.

Um etwas improvisieren zu können, müssen aber erst einmal alle Elemente des Tanzes beherrscht werden. Sonst habe ich nichts, was ich in beliebiger Folge aneinander stückeln kann. Improvisation setzt also die Kenntnis der üblichen Strukturen voraus. Sie ist die hohe Form des Tanzens, ihr kreativer Teil - und sie soll gleich zu Beginn eines Lehrgangs beherrscht werden. Wirklich ein schwieriges und anstrengendes Unterfangen.

Um kreativ sein zu können, muss man in gewisser Weise das Großhirn ausschalten. Denn plötzliche Einfälle werden - zumindest beim Tanzen - nicht vom Großhirn gesteuert (das für Überlegungen zuständig ist), sondern vom Kleinhirn (das für Bewegungsabläufe zuständig ist).

Merkwürdig: Vor kurzem las ich von einem psychologischen Experiment an der "Stanford's School of Medicine", bei welchem Teilnehmer in einem Tomografen Bilder zeichnen sollten, und zwar nach Vorgabe von Verben, die Tätigkeiten beschreiben.

Dabei wurden ihre Gehirnströme gemessen. Später wurden die Zeichnungen nach einem Fünf-Punkte-System bezüglich Kreativität bewertet. Das Ergebnis: Je aktiver der "präfrontale Cortex" an der Stirnseite des Großhirns war, desto anstrengender war das Zeichnen, desto langweiliger das Ergebnis. Umgekehrt: Je aktiver das Kleinhirn, desto leichter das Zeichnen, desto kreativer die Zeichnung. Das Kleinhirn nimmt Bewegungsmuster auf und speichert sie. Werden diese Muster abgerufen, übernimmt das Kleinhirn die Steuerung und entlastet so das Großhirn. Oder anders gesagt: Je weniger du beim Tanzen denkst, desto kreativer wird dein Tanz - vorausgesetzt, die Elemente des Tanzes sind gut eingeübt und im Kleinhirn fest gespeichert!

Die Kunst der Interpretation

In einem Kabarettstück mit Helmuth Qualtinger spielt sich dieser Dialog ab:

Ich habe mal einen Zwerg in "Schneewittchen" gespielt.
Welchen denn?
Den vierten.
Und wie hast du ihn angelegt?
Hintergründig.

Womit wir bei der Interpretation wären. Das Wort steht für Deutung, Auslegung. Was legen wir aus? Die **Musik**, die äußere und die innere Stimmung. Denn, wie der Tänzer *Gavito* sagt:

"Wir sind Maler, welche die Musik mit unseren Füßen zeichnen."

Aber was macht ein Zeichner? Er kann und soll seine eigene Deutung einbringen, unabhängig davon, was der Schöpfer des Originalkunstwerks damit beabsichtigte. Deshalb gibt es verschiedene Aufführungen klassischer Musikstücke. Eine Partita von Bach kann auf dem Cembalo exakt nach seinen Noten gespielt werden, oder auf dem Saxophon als verjazzte Version. Beides kann in gewissem Sinn authentisch sein. Ein anderes Beispiel: Als Lewis

Carroll sein berühmtes Märchen "Alice im Wunderland" selbst illustrierte, da zeichnete er die Titelheldin so, wie sie in Wirklichkeit aussah: mit kurzen, schwarzen Haaren, einem breiten Gesicht und dunklen, intensiven Augen. Der offizielle Illustrator John Tenniel dagegen zeichnete sie mit langen blonden Haaren, einem schmalen Gesicht und verschlafenem Blick. Der Autor der Erzählung war damit einverstanden, denn alles passte in ein Gesamtkonzept.

Zurück zur Musik. Der berühmte Tänzer *Juan Carlos Copes* schilderte einst die Wirkung der Musik auf sehr emotionale Weise:

Als ich noch Anfänger war, ging mir die Musik so nahe, dass mir Tränen kamen. Später lernte ich, die Gefühle zu verbergen. Ich fühlte eine schöne Seelenqual - mit der Musik, mit der Frau, die ich in Armen hielt - dass ich die Tränen unterdrücken musste.

Die Musik ist also das Entscheidende, aber wie interpretieren wir sie? Das ist eben die Kunst, die in Worten kaum beschrieben werden kann. Zunächst einmal: Bei schnellen Passagen kommt in erster Linie die Technik zum Vorschein, bei langsamen Passagen die Kunst der Interpretation. An langsamen Stücken - im Tanz, in der Musik - erkennt man den wahren Meister. Und ein sehr trivialer, aber leider nicht überflüssiger Rat an alle Tanzenden: Wenn die Musik langsam wird, sind auch langsame Bewegungen angemessen! Wenn Astor Piazzollas "Oblivion" erklingt, ein extrem melancholisches Stück, dann kann man immer wieder beobachten, wie manche Männer schwungvoll durch die Gegend hopsen und übers Parkett hüpfen und die Damen fröhlich um die eigene Achse wirbeln. Bei aller Freiheit der Interpretation: Diese Form der Illustration passt vielleicht doch nicht ganz zu dieser Art der Musik.

Also: Wenn eine Musik weder Melodie noch Rhythmus erkennen lässt, an die man sich halten könnte, dann ist die Kunst der Interpretation gefragt. Welche Stimmung drückt die Musik (gerade in diesem Augenblick) aus? Welche Bewegungen sind angemessen? Wie fließt die Musik in meinen Körper, in meine

Beine, in meine Seele, in die Beziehung zur Partnerin? Alles Fragen, deren Antwort dem erfahrenen Tänzer erst im Moment des Tanzens zufällt. Hier regiert das Kleinhirn, darum trainiert es beizeiten!

Wie die anderen den Tango sehen

Wir Tangueros & Tangueras schätzen den Tango über alles, aber tun das auch die anderen? Was sagen und sagten die Porteños selber, was sagen Staat und Kirche?

Das größte Lob stammt von einem Schriftsteller aus der Zeit um 400 n. Chr. *Augustinus von Hippo* (354 - 430 n. Chr.), besser bekannt als der Heilige Augustinus, begeisterte sich für den Tanz - natürlich nicht für den Tango, den gab es damals noch nicht - mit diesen Worten:

Ich lobe den Tanz
denn er befreit den Menschen
von der Schwere der Dinge
bindet den Vereinzelten
Zu Gemeinschaft.
Ich lobe den Tanz
der alles fordert und fördert
Gesundheit und klaren Geist
und eine beschwingte Seele.
Tanz ist Verwandlung
des Raumes, der Zeit, des Menschen
der dauernd in Gefahr ist
zu zerfallen ganz Hirn
Wille oder Gefühl zu werden.
Der Tanz dagegen fordert

den ganzen Menschen
der in seiner Mitte verankert ist
der nicht besessen ist
von der Begehrlichkeit
nach Menschen und Dingen
und von der Dämonie
der Verlassenheit im eigenen Ich.
Der Tanz fordert
den befreiten, den schwingenden Menschen
im Gleichgewicht aller Kräfte.
Ich lobe den Tanz.
O Mensch lerne tanzen
sonst wissen die Engel
im Himmel mit dir
nichts anzufangen.

Nach einem Sprung durch die Jahrhunderte landen wir bei *Friedrich Schiller*, der dem Tanz im gleichnamigen Gedicht von 1795 ein Denkmal setzte (man störe sich nicht an der schwülstigen Sprache):

Siehe wie schwebenden Schritts im Wellenschwung sich die Paare
Drehen, den Boden berührt kaum der geflügelte Fuß.
Seh ich flüchtige Schatten, befreit von der Schwere des Leibes?
Schlingen im Mondlicht dort Elfen den luftigen Reihn?

Das passt schon ganz gut zum Tango. Nun schildert er ein Paar, das sich mutig den Weg durch die Tanzenden bahnt:

Jetzt, als wollt es mit Macht durchreißen die Kette des Tanzes
Schwingt sich ein mutiges Paar dort in den dichtesten Reihn.
Schnell vor ihm her entsteht ihm die Bahn, die hinter ihm schwindet,
Wie durch magische Hand öffnet und schließt sich der Weg.

Und auch Schiller wundert sich über die Sicherheit der Tänzer bei der Wahl des richtigen Wegs durchs Getümmel:

Sprich wie geschiehts, daß rastlos erneut die Bildungen schwanken,
Und die Ruhe besteht in der bewegten Gestalt?

83

Seine Erkenntnis: Es macht die Musik.

Nicht minder begeistert, diesmal wirklich vom Tango, zeigte sich der russisch-amerikanische Tänzer *Mikhail Baryshnikov* (*1948):

"Der Tango ist ein Tanz von fast unbeschreiblicher Schönheit. Er vereint die Raffinesse des Balletts mit dem Feuer des Flamenco."

Aber meist wurde der Tango erst mal abgelehnt oder gar verboten. So geschehen durch den König von Spanien, *"weil es sich bei diesem Tanz um einen exotischen, wilden und lasziven Paartanz handelt, zu dem unschickliche Texte gesungen werden."* Der König hieß Philipp II. Hoppla - das war natürlich nicht der Tango, sondern die **Sarabande**. Auch diese Warnung betrifft nicht den Tango: *"Dieser Tanz ist verpönt, weil die Fußknöchel der Damen sichtbar sind, aber vor allem wegen der ständigen Berührung der Paare."* Diesmal handelt es sich um den **Wiener Walzer**. Sie sehen, das Verbot von Tänzen ist nicht neu. Doch es dauerte noch, bis der Tango durch den deutschen Kaiser zumindest für seine Soldaten verboten wurde. Aber erst noch ein paar andere Kommentare, diesmal wirklich zum Tango.

Bereits 1912 bemerkte der deutsche Dichter *Otto Flake* (1880 - 1963) die mathematische Präzision des Tango, die später durch Rodolfo Dinzel in einem Buch ausführlich beschrieben wurde:

"Ich begann zu ahnen, was in aller Kunst mystisch und klar das Innerste ausmacht: Preziöse Mathematik, ob sie nun Geometrie im einzelnen oder schwebende Verteilung, kosmisches System mit Achse und rotierenden Körpern im Ganzen ist."

Und was meinten die Argentinier dazu? Der Tango-Komponist *Enrique Santos Discepolo* behauptete: *"Der Tango ist ein trauriger Gedanke, der getanzt wird."*

Aber Discepolo tanzte selbst nicht, und Tangos sind keine traurigen Tänze. Eher erregten sie Anstoß, besonders in ihrer

Heimat Buenos Aires. So schrieb der argentinischer Essayist *Ezequiel Martínez Estrada* in den 1930erjahren:

"Der Tango ist ein ausdrucksloser, monotoner Tanz mit dem stilisierten Rhythmus des Beischlafs. Er ist seelenlos, gemacht für stumpfe Automaten, die sich den Komplikationen des geistigen Lebens verweigern. Seine Texte sind nichts als das dumpfe Jammern ängstlicher Spasmen."

1961 wiederholte er seine Tiraden und bezeichnete die Fortbewegung der Tangotänzer als im Schritt eines weidenden Ochsen. Kein Wunder, dass Estrada den Tango nicht mochte: Er stammte aus der Provinz und pries das einfache Landleben. Das aber hat mit Tango nichts zu tun - und umgekehrt.

Der argentinische Schriftsteller *Leopoldo Lugones* entrüstete sich mit folgenden Worten über den schrecklichen Tanz:

"Dieser Tanz ist ein Bordellreptil, das in den moralischen Niederungen der Gesellschaft geboren wurde!"

Der argentinische Botschafter in Paris, *Enrique Laterra*, sah sich 1914 bemüßigt, beim französischen Präsidenten eine offizielle Erklärung abzugeben:

"Der Tango ist bei uns in Buenos Aires ausschließlich ein Tanz der Freudenhäuser und der Zuhälterkneipen. Hier in Paris wird er sogar in den Tanzschulen gelehrt, aber anständige Leute machen so was nur im Bett!"

Auch das Tangofieber in Paris erregte Misstrauen. In seiner Schrift "Le Tango et les Danses Nouvelles" stellt der Tanzbeobachter *Max Rivera* 1913 fest: *"Der krankhafte Seelenzustand machte schreckliche Fortschritte. Blitzartig ergoss er sich über ganz Paris, drang schnell ein in die Salons, in die Theater, Bars, Nachtcabarets, in die großen Hotels und Vorstadtschenken."* Und auch andere warnten vor der *schamlosen Mode mit anstößiger Herkunft und schändlicher Mentalität.*

Besonders anstößig fand den Tango jene Majestät, der ein wenig Sonne gut getan hätte: *Wilhelm der Zweite* verbot seinen Soldaten, diesen anstößigen Tanz in Uniform zu tanzen. Begründung:

"Dieser Tanz führt den deutschen Offizier auf Irrwege."

Da hatte er tatsächlich Recht. Die Soldaten dachten beim Tangotanzen nicht mehr an die Pflicht, sondern ans Vergnügen, nicht mehr ans Töten, sondern ans Lieben. Mit einer solchen Einstellung wird der Staat zersetzt und ein Volk geht zugrunde.

Auch die Bayern machten mit. König Ludwig III eiferte seinem preußischen Vorbild nach, und die Königlich Bayerische Polizeidirektion in München verfügte 1914:

"Zum Fasching 1914 wird der Tango ein für allemal verboten. Nach Sachverständigenurteil ist er mehr ein sinnliches Reizmittel als ein Tanz."

Die Königlich Sächsische Polizeidirektion Dresden hatte schon ein Jahr zuvor festgestellt:

"Diese Tänze verletzen das Sittlichkeitsgefühl, weil die Tänzerin dabei häufig die Beine seitwärts abspreizt, sodass man die Unterkleider und die Strümpfe sieht."

Bayern und Sachsen waren in dieser Hinsicht päpstlicher als der Papst. Zwar verbot Papst Pius X (1835 - 1914) erst mal den Tango als sündhaft. Doch nach dem Vortanzen vor dem Papst durch den Tänzer *Casimiro Aín* am 7.2.1914 fand der Papst, der Tango sei harmlos und mit dem christlichen Glauben vereinbar. Da hätte er nur auf den Heiligen Augustinus hören müssen, der den Tanz (natürlich nicht den Tango) mit überschwänglichen Worten gelobt hatte (siehe Eingangszitat). Allerdings: Das Vortanzen in den Gemächern Seiner Heiligkeit empörte den Kardinal-Vikar von Rom. Der verurteilte die Tanzprüfung mit diesen Worten:

"Es ist unerhört, dass dieser schamlose, heidnische Tanz, der ein Attentat auf das Familien- und Gesellschaftsleben bedeutet, sogar in der Residenz des Papstes getanzt wird."

Aber auch der Schriftsteller und Diplomat *Enrique Gómez Carrillo* beschrieb 1918 den Tango als ganz und gar züchtig:

"Der argentinische Tango, so wie er in Paris praktiziert wird, ist ein langsamer, eleganter, vornehmer, aristokratischer, keuscher und komplizierter Tanz. Die Paare zählen ihre Schritte mit außerordentlicher Sorgfalt. Der kleinste Fehler, und alles ist verloren. Jede Geste entspricht einer strengen und unveränderbaren Regel. Und es gibt keine einzige seiner Bewegungen, in der Form keine einzige, die nicht das züchtigste Fräulein ausführen könnte."

Andere Länder wussten das schon früher. Vor allem die Türkei erwartete vom Tango - mit Ermutigung durch ihren verehrten Führer *Kemal Atatürk* - eine Öffnung zum Westen. So gibt es viele türkische Tangosänger und -innen, und die Türkei besitzt eine lebendige Tangoszene, selbst im traditionellen Anatolien. Weniger Glück hatte der russische Tangosänger *Pjotr Leschenko*, den Stalin im Lager umkommen ließ. Tango ist zu subversiv, das erkannten alle Diktatoren, nicht nur Stalin. Auch unter Hitler gab es den Tango nur in seiner harmlosen Rudi-Schurike-Version. Die Massenmörder Argentiniens unter Jorge Videla lehnten sowieso alles ab, was nach Selbständigkeit roch. Schließlich gibt es noch ein Volk, das tangobesessen ist: die Finnen. Sie tanzen Tango so, dass ein Mann in Schischuhen und mit viel Alkohol im Blut auch noch mitkommt.

Eine schöne Definition dieses Tanzes der Leidenschaft und Sinnlichkeit fanden wir in der "Enzyclopedia of Latin America":

"Tango ist fordernde Leidenschaft, Zärtlichkeit, Melancholie und natürlich ein Spiel zwischen Mann und Frau."

Oder, noch besser, die Inschrift auf dem Grab des unbekannten Tangotänzers:

"Mit der Nacht beginnt jeden Tag ein neuer Tangotraum."

Was der Tango mit den Menschen macht

Erst einmal nichts Gutes, denn er macht süchtig. Das ist eine schwere Nebenwirkung, die nicht auf den Beipackzetteln der Tangoschulen steht. Doch abgesehen davon ist der Tango eine unheilbare Krankheit, die gesund macht und ein langes Leben verspricht.

(1) Tango macht schlau

Hirnforscher haben Tänzern in den Kopf geschaut und festgestellt: Sie trainieren wichtige Fähigkeiten und senken ihr Demenzrisiko.

Die Hirnforscher *Steven Brown* von der Simon Fraser University im kanadischen Burnaby und *Michael Martinez* von der University of Texas in San Antonio untersuchten erstmals, welche Gehirnregionen beim Tanzen aktiv sind. Dazu legten Brown und Martinez nacheinander fünf weibliche und fünf männliche Amateur-Tangotänzer in den Kernspintomografen und befestigten eine Platte so am Fußende, dass die Füße der Tänzer darüber gleiten und einfache Tangoschritte ausführen konnten. Über Kopfhörer wurde Musik eingespielt. Im ersten Durchgang sollten die Probanden zur Musik Tangoschritte auf der Platte machen, im zweiten Durchgang willkürlich ihre Beine bewegen.

Wie die Forscher erwarteten, waren in beiden Durchgängen die motorischen Gehirnregionen der Probanden aktiv. Doch beim Tango feuerten die Neuronen auch noch an einer anderen Stelle stark: im "Precuneus". Diese Hirnregion im Scheitellappen ist wichtig für Orientierung und Raumsinn. Sensoren in Muskeln und Gelenken übermitteln Informationen dorthin. Deshalb sprechen die Wissenschaftler auch vom Bewegungssinn. Mit seiner Hilfe nimmt der Mensch Bewegungen und Gelenkpositionen wahr. "Der

Precuneus ist eine Art kinästhetische Landkarte, die es dem Menschen erlaubt, seinen Körper im Raum zu navigieren", erklärt Brown. Beim Tanzen, schließt der Hirnforscher, ist diese Raumwahrnehmung offenbar besonders ausgeprägt.

Wie die Wissenschaftler schon länger wissen, ist das kinästhetische Sinnessystem stark mit anderen Hirnfunktionen wie Gedächtnis, Sprache, Lernen und Emotionen verknüpft. "Bewegung beschleunigt das Gehirn zu maximaler Leistung", deutet *Siegfried Lehrl*, Psychologe an der Universität Erlangen und Experte für Gehirnjogging, die neuen Befunde. Die Tangotänzer-Studie deckte auch auf, warum rhythmische Musik viele Menschen dazu bringt, mitzuklatschen, zu schnipsen oder mit Kopf oder Fuß zu wippen. Voraussetzung dafür ist, dass das Gehirn Rhythmen erkennt, vergleicht und in Beziehung zu gespeichertem Wissen setzt. Das heißt, je bekannter ein Rhythmus ist, desto stärker wird die Bewegung provoziert.

Steven Brown stellte fest, dass beim Tanzen mit Musik der sogenannte Kleinhirnwurm aktiver ist, als wenn die musikalische Untermalung fehlt. "Diese Hirnregion fungiert als eine Art neuronaler Taktgeber und ist mit den auditorischen, visuellen und somatosensorischen Systemen im Gehirn verbunden", erklärt Brown. Auch das aus evolutionsbiologischer Sicht sehr alte vestibuläre System in Innenohr und Kleinhirn, das den Gleichgewichtssinn steuert, ist notwendig für die Verbindung von Bewegung und Rhythmus. Das unterstützt die gängige These, dass Tanzen und Musizieren in der Menschheitsgeschichte zur gleichen Zeit entstanden sind. Zum Tanzen braucht der Mensch ähnlich komplexe sensomotorische Fähigkeiten wie zum Erlernen eines Musikinstruments.

Doch das Tanzen hat für die Entwicklung des Menschen noch eine weit größere Bedeutung als das Musizieren: Es trainiert die Fähigkeit zum Nachahmen. Die Forscher fanden heraus: Wenn man sich nur vorstellt, Walzer zu tanzen, arbeitet das Gehirn in den gleichen Regionen, wie wenn man tatsächlich Walzer tanzt. Beim Tanzen nur zuzuschauen genügt schon, um die entsprechenden

Hirnregionen zu aktivieren – und zwar umso stärker, je bekannter der Tanz ist. "Wir schließen daraus, dass Tanzen früher eine Form der Kommunikation war", erklärt Steven Brown, und liefert Belege: Bei allen untersuchten Bewegungsabläufen war bei den Tangotänzern eine Region in der rechten Gehirnhälfte aktiv, die der Broca-Region in der linken Hemisphäre als sogenanntes Homolog entspricht.

Die Broca-Region ist als Sprachzentrum bekannt, und sie ist auch wichtig für die Verarbeitung von Gesten. *Marco Iacoboni*, Wissenschaftler der University of California hatte bereits 2003 die Funktion dieser beiden Gehirnregionen untersucht, indem er sie bei Versuchspersonen vorübergehend blockierte. Wurde das Broca-Homolog ausgeschaltet, konnten die Probanden vorgegebene Fingerbewegungen nicht mehr so gut nachahmen. Iacoboni schloss daraus, dass diese Gehirnregion wichtig ist für die Imitation, für das Lernen von anderen – und damit letztlich für das Weitergeben von Kultur.

Dass Tanzen das Gehirn verändert, haben inzwischen verschiedene Studien belegt. So fand *Elizabeth Spelke* von der Harvard University heraus, dass jahrelanges Tanzen bei Schulkindern räumliches Denken fördert. Tanzbegeisterte Kinder schnitten in Geometrie-Tests besser ab als Kinder, die nur kurzzeitig oder nie getanzt hatten. "Beim Tanzen werden Gehirnregionen aktiviert, die auch zu geometrischem Denken befähigen", schließt Spelke.

Auch der Londoner Psychologe *Konstantinos Petrides* stellte Erfreuliches fest, als er 2006 Ballettschüler untersuchte: Emotionalität, Selbstmotivation und soziale Fähigkeiten waren bei ihnen umso ausgeprägter, je besser sie ihre Ballettschritte beherrschten. Eine kanadische Studie von *Laura-Ann Petitto* hat zudem kürzlich gezeigt, dass erwachsene Profitänzer in Aufmerksamkeitstests besser abschnitten als Tanzmuffel: Sie konnten sich besser konzentrieren und ließen sich nicht so leicht ablenken.

Selbst im höheren Alter lohnt sich der Besuch im Tanzstudio: Eine Langzeitstudie mit Senioren am Albert Einstein College of Medicine in New York ergab schon 2003, dass regelmäßiges Tanzen die Wahrscheinlichkeit, an einer Demenz zu erkranken, um 76 Prozent senkt. Damit beugt die rhythmische Bewegung dem Verlust von Synapsenverbindungen deutlich besser vor als Lesen (35 Prozent) und Kreuzworträtseln (47 Prozent).

Sport verändert das Demenzrisiko dagegen kaum. Die US-Forscher erklären das so: Das Erlernen von Tänzen verlangt ein Nachdenken über Schritte, Drehungen und Körperhaltung. Tänzer müssen also viele Entscheidungen treffen – und das lässt neue Nervenverästelungen im Gehirn sprießen. "Gut ist auch, wenn man wechselnde Tanzpartner hat, auf die man sich immer wieder neu einstellen muss", meint der Psychologe Lehrl. Die Ausrede, man könne nicht tanzen, lassen Wissenschaftler nicht gelten. Einfache rhythmische Tänze wie Polka oder Foxtrott seien für jeden erlernbar.

Stefan Koelsch, Wissenschaftler und Musikexperte an der Universität Sussex, ist überzeugt: "Neuronale Korrelate für elegantes Bewegen und Körperkoordination gehören zur Grundausstattung des menschlichen Gehirns." Doch die neuronalen Vorgänge bei Profis und Hobbytänzern unterscheiden sich deutlich, vor allem was Rhythmus und Raumgefühl angeht. Die Unterschiede sind nicht nur das Resultat jahrelanger Übung, weiß *Emily Cross*, Psychologin am Max-Planck-Institut für Kognitionsforschung in Leipzig: "Für die perfekte und komplexe Koordination, wie sie Profitänzer beherrschen, braucht man eine spezielle Begabung." Manche Forscher haben sich bereits auf die Suche nach einem "Tanz-Gen" begeben.

Ein berührendes Erlebnis, was Tango und Gesundheit betrifft, hatten wir selbst bei unserer monatlichen Tangoveranstaltung. Wir sahen ein Paar, das gut tanzte, er korrekt, sie lebhaft. Als die Tänze zu Ende waren, gingen sie von der Tanzfläche - aber wie! Sie stützte ihn, er schlurfte in ganz kleinen Schritten ganz langsam dahin, und wir hatten den Eindruck, er sehe nichts und sei gelähmt.

Was natürlich nicht sein kann, denn er hatte schön und elegant getanzt. So wagten wir die Frage, was mit ihm los sei, und wir erhielten die Antwort: Er war vor kurzem an einem Hirntumor operiert worden. Die ganze linke Körperhälfte sei gelähmt, er könne kaum gehen, er sehe nur wenig und vertrage kein Licht. Der Tango wäre sein einziger Lichtblick. Die gedämpfte Beleuchtung täte ihm gut, die Musik wirke beruhigend, die Tanzbewegungen würden seine Lähmung allmählich überwinden.

Wieso aber, so fragten wir verwundert, wieso könne er kaum gehen, wäre dabei ständig in Gefahr zu fallen, während er beim Tanzen einen völlig normalen Eindruck mache und auch keinerlei Schwierigkeiten habe, komplizierte Schritte auszuführen, seiner Dame die richtigen Impulse zu geben, sein Gleichgewicht zu bewahren und sich elegant zu bewegen?

Das ist das Geheimnis des Tango!

(2) Tango macht sexy

Die Psychologin *Cynthia Quiroga Murcia* hat in ihrer Doktorarbeit an der Frankfurter Universität herausgefunden, was Tangotänzer und -tänzerinnen schon lange wissen: Tango verringert Stress und hebt den Testosteronspiegel.

Während das mit Stress verbundene Hormon Cortisol beim Tanzen abnimmt, schüttet der Körper beider Partner in erhöhtem Maß das Sexualhormon Testosteron aus. Murcia entnahm 22 Paaren vor und nach dem Tanzen Speichelproben, in denen sie die Hormonkonzentration ermittelte. Zusätzlich bat sie die Tänzerinnen und Tänzer um eine Einschätzung ihrer Emotionen mithilfe eines standardisierten Testbogens.

"Ich bin selbst Tango-Tänzerin und als Kolumbianerin, die seit vier Jahren in Deutschland lebt, sehr überrascht, dass das Tanzen hier eine geringe Rolle in der Freizeitunterhaltung spielt", sagt Quiroga Murcia über die Motivation zu ihrer Studie. Bei ihrem Doktorvater Stephan Bongard stieß die sie dabei sofort auf Interesse. Zusammen mit Professor Gunter Kreutz von der Universität

Oldenburg hatte Bongard vor einigen Jahren in einer anderen Studie die emotionalen und hormonellen Effekte des Chorsingens ergründet, und zwar im Vergleich zum passiven Hören von Musik. "Die hormonellen Reaktionen können von einer Vielzahl an Faktoren beeinflusst werden", erklärt Bongard, der mit Kreutz ebenfalls an der Tango-Studie beteiligt war. Zur hormonellen und emotionalen Reaktion auf das Tanzen gibt es bisher kaum wissenschaftliche Untersuchungen.

Um herauszufinden, ob die positiven psychobiologischen Effekte des Tango-Tanzens eher auf die Musik, die Bewegung oder die Berührung mit einem Partner zurückgehen, untersuchte Murcia die Faktoren getrennt und in verschiedenen Kombinationen. Es zeigte sich, dass die Reduktion des Stresshormons Cortisol vor allem der Musik zu verdanken ist, während die Ausschüttung von Testosteron auf den Kontakt und die Bewegung mit dem Partner zurückgeht. Treffen alle drei Faktoren zusammen, sind die positiven hormonellen und emotionalen Reaktionen am stärksten. Damit bestätigt sich die empirische Erkenntnis von Paartherapeuten, die Tango-Tanzen seit Neustem dazu einsetzen, verfahrene Beziehungen zu retten. Aber nicht minder oft bringt der Tango Paare auch auseinander - zumindest dann, wenn nur ein Partner Tango tanzt und sich der andere vor Eifersucht verzehrt.

(3) Tango macht süchtig

Wie schon erwähnt: Tangotanzen ist eine Sucht, oder kann zumindest zu einer werden. Nicht unbedingt zu einer mit körperlichen Entzugserscheinungen wie der Genuss einer schweren Droge wie beispielsweise Nikotin. Aber eine "Verhaltensabhängigkeit" kann entstehen, ähnlich der Spielsucht oder der Internetsucht, eine schwere psychische Erkrankung in China, der man in Umerziehungslagern Herr zu werden versucht.

Jedenfalls stellten die Forscher Remi Targhetta, Bertrand Nalpas und Pascal Perney vom "Service d'Addictologie" in Nimes (Frankreich) selbiges im "Journal of Behavioral Addictions" (June 2013) fest. Entzugserscheinungen beim Nichtgenuss von Tango sind unter anderem: Traurigkeit, sich unbehaglich fühlen, Kribbeln in den Beinen.

Der unbedarfte Leser könnte gleich zu Beginn einwenden: Wenn's nicht mehr ist! Schließlich dient Tango als Therapie bei Parkinson, Depression, Nachwirkungen eines Hirnschlags, da können solche Kinkerlitzchen ja wohl erträglich bleiben. Zumal Tangotanzen die Fähigkeit erhöht, sein Gleichgewicht zu halten, was die Gefahr des Stolperns im Alter erheblich mildert - und Stolpern ist eine der häufigsten Todesursachen! Denn von einem Oberschenkelbruch erholen sich die wenigsten Senioren.

Aber es geht noch weiter: In dem Fragebogen, der den an der Untersuchung Beteiligten zugeteilt wurde, stehen unter anderem solche Aussagen zur Bewertung: "Ich möchte mehr tanzen", "Mein Selbstbewusstsein ist gestiegen", "Das Tanzen bringt mir Vorteile in meinem Leben". Sieht so eine Sucht aus? Oder wurden die Autoren von den Verfassern des amerikanischen "Handbuchs psychiatrischer Erkrankungen" engagiert, eine neue Krankheit zu erfinden? Beispiel: Die Autoren stellen fest: "75% der Tangosüchtigen verbringen drei oder mehr Stunden auf einer Tango-Tanzveranstaltung (Milonga)." Drei Stunden? Das ist die normale Dauer, wobei innerhalb dieser Zeit keineswegs dauernd getanzt wird.

Immerhin kommen die Verfasser der Studie zu der Erkenntnis: Bei allen Tangotänzern war der Genuss (oder Gebrauch) von Alkohol, Tabak, Haschisch oder von Psychostimulantien (Kaffee?) geringer als in der Durchschnittsbevölkerung. Daraus kann man schließen, dass TangotänzerInnen andere Genussmittel nicht brauchen; oder dass sie infolge eines vernünftigen Lebensstils immun sind gegenüber abhängig machenden Genussmitteln.

Die Autoren meinen: Tangotanzen erfüllt einige Kriterien einer Sucht, wie z.B. eine gewisse Spannung, ein erhebendes Gefühl, ein Verlangen nach der Betätigung. Ja, Mann, wozu geh ich denn sonst zu einer Milonga! Natürlich bin ich gespannt, von wem ich diesmal einen Korb kriege; erhoben, wenn ich meine

Traumpartnerin erwische; und ich spüre ein Verlangen, für meinen Eintritt auch tanzen zu dürfen!

So bleibt auch den gestrengen Herren Wissenschaftlern am Ende nur das Fazit: Die positiven Effekte der "Tangosucht" übertreffen bei weitem die negativen. Also weiter auf's Parkett!

(4) Fußball macht dumm

Wollen Sie wissen, warum Tanzen in Deutschland eine so geringe Rolle spielt? Da brauchen Sie nur den Worten eines gewissen *Günter Netzer* zu lauschen, eines inzwischen pensionierten Fußball-Kommentators. Mit gewissem Stolz behauptet er von sich:

"Wenn Damenwahl ist, suche ich meist die Toilette auf. Wenn ich in Situationen gerate, wo ich tanzen muss, bricht kalter Schweiß aus."

Ehrlichkeit oder Dummheit? Vermutlich wollte Netzer sagen: Schaut her, ich kann nicht tanzen, denn ich bin ein echter Mann. Ein echter Mann tanzt nicht, der spielt Fußball.

Also war Netzer gar nicht wirklich dumm, sondern Vertreter eines bei uns ungefragt akzeptierten Mythos? Ein echter Mann, so der Mythos, tanzt nicht, denn das ist unmännlich/weibisch/schwul. Womit wir zu der Frage kommen: **Warum Männer nicht tanzen** (können, sollen, dürfen). Der Südwestfunk hat sich mit dem Thema auseinandergesetzt in einem Beitrag mit dem Titel "Echte Männer tanzen nicht". Beispiel:

"Ich kann mich noch erinnern, ich habe mal auf dem Fußballplatz, also meinen Sohn zum Training gebracht und dann fiel mir ein Tanzschritt ein und ich wusste nicht genau, wie der ging und hab das so am Rande probiert. Mein Sohn hat das gesehen und gesagt, er würde nie mehr von mir zum Training gebracht werden wollen, wenn ich noch einmal so einen Tanzschritt am Rande vom Fußballplatz probiere."

Tanzen scheint anstößiger zu sein als der Besuch eines Beate-Uhse-Ladens! Dabei ist dieses Verhalten, biologisch gesehen, kontraproduktiv, denn Tanzfähigkeiten deuten auf Körperbeherrschung in Verbindung mit Sensibilität hin, und sowas wird von der Damenwelt geschätzt. In Afrika, in der Karibik und in vielen anderen Weltgegenden tanzen vor allem die Männer. Auch in Europa, Zitat:

"Das ist ne ganz normale Hochzeit in Aserbaidschan. Und hier sieht man wie die Männer richtig abgehen. Da zeigen die Alten den Jungen, was die drauf haben, guck mal was für ein Sprung! Du siehst, es ist auch gar keine Konkurrenzgeschichte. Die sind alle fröhlich und motivieren sich, wenn einer in die Mitte geht."

Und warum tanzen die Männer dann nicht? Weil sie dann nicht "cool" sind! Zitat:

Ein Junge muss auf seine Wirkung achten, cool sein, gut drauf sein und dabei auch noch tanzen. Ich glaube viele Jungen wissen wirklich nicht, wie sie das hinbekommen sollen, zumal viele Kerle zwei linke Füße haben und nicht tanzen können.

Also wie jetzt: Genetik ("zwei linke Füße") oder Kultur ("muss auf jeden Fall cool bleiben")? Ursprünglich war "cool" ein Ausdruck der amerikanischen Negersklaven. Es war die Aufforderung, keine Gefühle zu zeigen, wenn einen die sadistischen weißen Herren wieder mal grundlos quälten und sich daran ergötzten. Daraus erwuchs dann, unabhängig von der Situation, die Forderung, überhaupt keine Gefühle zu zeigen, außer Verachtung, oder nur gelangweilt in die Gegend zu starren. Und so wurde der Begriff missbraucht. Heute ist es cool, einen alten Mann in der U-Bahn zusammenzuschlagen, ihm alle Knochen zu brechen, das ganze noch zu videografieren und per Handy an die anderen coolen Jungs zu schicken. Gefühle darf man dabei schon zeigen, nämlich Schadenfreude über die großartige Tat, nicht aber Mitleid.

Fazit: Wer als Mann Gefühle der Schwäche zeigt, ist in unserer Ellbogengesellschaft unten durch - und bei den Frauen auch, trotz gegenteiliger Beteuerungen. Denn die mögen keine weinerlichen Weicheier. Beim Tanzen indes könnte man ja Gefühle der Freude, der Innigkeit, der Romantik zeigen. Doch so was darf ein echter

Kerl nicht, sonst ist er kein richtiger Mann. Schade, dass die Frauen zwar verbal, nicht aber durch ihre Partnerwahl, dem "echten Mann" die kalte Schulter zeigen.

Männer & Frauen (1)

Tango tanzen kann man nur, wenn man die Mentalitätsunterschiede zwischen Mittel- und Nordeuropäern einerseits und den Porteños andrerseits kennt, und wenn man die Beziehungen der Geschlechter untereinander berücksichtigt.

Zum Beispiel:

- Wenn in einem südlichen Land ein Mann eine Frau betrachtet, neugierig, bewundernd, fasziniert und vielleicht sogar begehrlich - dann fühlt sich die Frau geschmeichelt.

- Wenn in Deutschland ein Mann eine Frau betrachtet, neugierig, bewundernd, fasziniert und vielleicht sogar begehrlich - dann fühlt sich die Frau belästigt.

Denn in einem lateinisch geprägten Land sind Männer und Frauen stolz, sich zu zeigen. Sie achten auf ihr Äußeres, auch im Alter. Bei uns sind Männer und Frauen indigniert, wenn sie sich zu sich selbst bekennen, sich als Mann oder gar als Frau darstellen. Am besten Unisex, da fällt frau nicht auf. Könnte doch sein, dass ein Mann bei ihrem Anblick auf üble Gedanken kommt. Und das widerspräche den hehren Idealen der Emanzipation.

Glauben Sie nicht, das wären Vorurteile. Eine Beraterin für interkulturelle Beziehungen gab den Beteiligten einer Verhandlungsdelegation folgenden Rat: *Machen Sie einer Französin immer ein Kompliment und einer Deutschen niemals!* Und in der Zeitschrift Tangodanza 1/2013 urteilt Silvio Grand,

Tangolehrer, -tänzer und Schauspieler, über Frauen in Deutschland und in Argentinien:

Die Frau mit Komplimenten zu verwöhnen ist bei uns selbstverständlich. Sie fühlt sich in keiner Weise zu etwas verpflichtet. Beim Tanzen ist es genauso - auch wenn wir sehr sinnlich miteinander tanzen, hat das keinerlei Konsequenzen. Ein Tango ist grundsätzlich eine Begegnung von Mann und Frau, keine Turnübung. Dass deutsche Frauen darauf ganz anders reagieren, daran musste sich Grand erst gewöhnen.

Besonders aufschlussreich ist die Beobachtung von *Juan Dietrich Lange*, einem Tangolehrer aus Uruguay mit deutschen Wurzeln. Von der Militärdiktatur floh er nach Deutschland, wo er Ethnologie studierte und den Tango populär machte. Über deutsche Frauen wunderte er sich:

In Deutschland ist es verboten, dass Männer Interesse an Frauen zeigen. Das fand ich immer erstaunlich. Aufmerksamkeit hebt doch die Laune der Frauen. Wollt ihr (beim Tanzen) etwa schlecht gelaunte Frauen?

Denn: *Der Tango ist ein Spiel. Wir genießen den Flirt ohne Konsequenzen. Es gibt keine Verpflichtung zu mehr ... Die ungezwungene Sinnlichkeit des Spielens zwischen den Geschlechtern vermisse ich in Deutschland.*

Auch Ricardo und Nicole, das Traumpaar des Tango der 1990iger Jahre, haben beobachtet, das Männer und Frauen in Buenos Aires einander ganz anders sehen (und entsprechend aufeinander reagieren) als bei uns. So schreibt Nicole:

Zu Hause hatte ich es immer vermisst, als Frau wahrgenommen, respektiert und begehrt zu werden. Hier warb man um mich, mit Respekt, ohne die Grenzen zu überschreiten ... Es ist ein schönes Spiel mit dem Feuer, das Verführerische, das Sinnliche und Aufregende zwischen Mann und Frau.

Und ihr damaliger Mann Ricardo meint dazu:

Die Rollen sind klarer in Buenos Aires, dadurch treten auch die Frauen viel stärker als Frauen auf. Ich finde es sehr schön, wie die Frauen gehen, wie sie dastehen - das Bild einer natürlichen Schönheit, die viel von sich selbst zeigt. ... Die Frau ist ganz Frau, ich fühle mich sehr als Mann.

Oder unsere komplett falsche Auffassung von "Führen" und "sich führen lassen". Da spukt immer noch die Nazizeit in unseren Köpfen: Führer befiel, wir folgen dir, absolut willenlos. So sehen manche Tangotänzer ihre Führungsaufgabe darin, ihre Partnerin wie einen Kartoffelsack durch die Gegend zu schleifen. Jedwege Eigeninitiative ist untersagt. Nicht einmal einen Gancho darf sie machen, auch wenn ihr der Herr sein Bein anbietet - erst muss geführt werden. So hat es mir ein Münchner Tangolehrer mal erzählt.

Rodolfo Dinzel, berühmter Tangotänzer, gewiss kein "Weichei" oder Softie, hat die Sache klargestellt:

"Die übliche Auffassung der Männer über Frauen, die sich nicht fügen, ist die, dass sie 'schlecht tanzen'. Denn sollte eine Frau einen Dialog versuchen, wird sie vom Mann daran gehindert, wenn dieser den Tanz mit der Haltung eines Senders von Monologen angeht. Bedauerlicherweise rebellieren nicht alle Frauen gegen die ihnen mit der 'Gehorsamspflicht' auferlegte Passivität."

Viele tangotanzende Damen haben solche Erfahrungen hinter sich. Bei einer tänzerischen Eigenwilligkeit der Dame sagt beispielsweise der selbsternannte "Führer" patzig: *Das habe ich aber nicht geführt.* Woraufhin ich den Damen den Rat gebe, solcherart zu antworten: *Das habe ich aber getanzt!* Was heißt überhaupt 'führen'? Schlicht und einfach: Impulse setzen. Wie die Partnerin darauf reagiert, ist ihre Sache. Auf jeden Fall muss der Führende darauf gefasst sein, das sie etwas völlig anderes macht als er sich's vorgestellt hat. Und darauf muss er reagieren. Aber nicht mit beleidigt-beleidigendem Schimpfen, sondern mit gefühlvoll-einfühlsamen Tanzen!

Warum reagieren manche Männer so heftig, wenn ihrer Führung nicht gefolgt wird? Vielleicht liegt es an der Diskrepanz zwischen Männer- und Frauenbild und der tristen Wirklichkeit. Das wollen wir uns ein wenig genauer ansehen.

Die Tangotänzerin und Psychologin *Melina Sedó* hat im Jahr 2001 im Rahmen ihrer Diplomarbeit zum Thema "Geschlechterrollen im argentinischen Tango" 170 Tangotanzende aus Deutschland und Österreich befragt und dabei auch versucht, das Geschlechterverständnis der Personen zu ergründen. Es gibt zwei psychologische Kategorien: männlich und weiblich, und durch ihre freie Kombination vier Geschlechtertypen:

(1) den überwiegend männlichen Typ;
(2) den überwiegend weiblichen Typ;
(3) den androgynen Typ, bei dem beide Eigenschaften stark ausgeprägt sind; und
(4) den Undifferenzierten, bei dem beide Eigenschaften schwach ausgeprägt sind.

Da der Tango ein Machotanz ist, bei dem, was viele so schön finden, der Mann endlich Mann und die Frau endlich Frau sein kann, könnte man annehmen, dass Männer vornehmlich zum Typ (1), Frauen vornehmlich zum Typ (2) gehören. Doch dem ist nicht so. Frauen sind, nach Sedós Untersuchung, überwiegend androgyn (mit 32%), also auf jeden Fall starke Persönlichkeiten, die notfalls auch den männlichen Part (z.B. in der Führung) übernehmen können. Männer aber gehören überwiegend zum Typ (4) (mit 40%), sie sind also weder Fisch noch Fleisch. Daher kommen wahrscheinlich auch die seltsamen Reaktionen der Männer, wenn mal was nicht so läuft, wie sie's gern hätten. Es fehlt schlicht an Selbstbewusstsein, an Führungskraft, an Eindeutigkeit. Und die armen Damen müssen das dann ausgleichen!

Männer & Frauen (2)

Die amerikanische Schriftstellerin Johanna Siegmann beschreibt in ihrem Buch "The Tao of Tango", wie sie, als emanzipierte moderne, durchsetzungsfähige Frau, den Tango kennen und lieben lernte. Ihre Gedanken sind so treffend und schön, dass ich sie hier in Ausschnitten (von mir übersetzt) vorstellen möchte.

Zunächst fand sie den Tango als typischen Machotanz natürlich abscheulich, ohne ihn überhaupt zu kennen. Nach viel Mühe überredete sie eine Freundin zu einem Tangotanzabend. Und ab da war es um sie geschehen: Der Tangovirus hatte sie voll gepackt. Beim Tanzen lernte sie eine Menge über die Geschlechter und deren Verhältnis zueinander und zu sich selbst.

Als erstes definiert sie den chinesischen Begriff des **Tao** (ausgesprochen: dau):

Das ist das Prinzip des Tao - sich dem natürlichen Gleichgewicht der Dinge hinzugeben.

Und so sieht sie den Tango:

Tango repräsentiert den wahren Kern männlicher und weiblicher Energien.

Ihr ganzes Leben lang war sie als männlich, aggressiv, dominant beschrieben (und verschrien) worden, obwohl sie sich durchaus weiblich fühlte. Sie hatte versucht, sich den Vorstellungen der Gesellschaft von "Weiblichkeit" anzupassen, was natürlich misslang. Und dann erlebte sie im Tango dies:

Ich fühlte mich extrem weiblich und gleichzeitig furchterregend mächtig. Tango repräsentiert den wahren Kern männlicher und weiblicher Energien ... Durch die Stärkung meiner weiblichen Energien fühle ich mich mehr verwurzelt und weiblich, und doch bin ich immer noch unabhängig, kraftvoll, nach außen gerichtet.

Ich redete in einer Sprache der Seele, die in einem Teil von mir hauste, von dem ich niemals wusste, dass er existierte: Ich erfuhr zum ersten Mal meine weibliche Energie.

Schließlich:

Leben ist ein Tango - männliche und weibliche Energien, die das richtige Gleichgewicht suchen.

Interessant sind ihre Erkenntnisse zum Führen und Geführtwerden. Sie beobachtete einen Mann, der zu den besten Tänzern gehörte und für alle sichtbar exzellent führte. Sie wollte sein Geheimnis ergründen, und es gelang ihr: Der Mann war so sensibel, dass er die Bewegungen seiner Partnerin vorausahnte und sich sofort darauf einstellte. Er führte also gar nicht, in dem Sinn, wie wir das immer meinen ("Führer befiel, wir folgen dir, bedingungslos und ohne nachzudenken"), sondern er war in ständigem körperlichen Dialog mit seiner Partnerin. Wenn sie etwas tat - oder auch nur beabsichtigte -, machte er mit, und das vermittelte ein so starkes Gefühl der Harmonie.

Alles hat seine wahre Natur in seinem Inneren. Auch Mann und Frau. Sobald der Mann führt und die Frau folgt, vervollständigt sie die Figur, während er wartet. So verschieben sich die Energien. Im Tango, wie im wahren Leben, bewegst du dich nach vorn und zurück, pendelst zwischen beiden Energien beinahe unbewusst. Im Tango ist der Mann immer männlich, die Frau immer weiblich.

Denn:

Bei sorgfältiger Beobachtung konnte ich genau erkennen, welches Paar nur die gelernten Schritte ausführt, und wer tatsächlich fühlte, was er und sie tanzten. Letztere gaben sich der Musik und einander hin. Das ist der Unterschied zwischen denen, die allein tanzen, und denen, die miteinander tanzen.

Der Mann führt mit dem ganzen Körper, mit Schultern und Beinen. Die Arme verwendet er, um mit der Partnerin in Kontakt zu bleiben. Wer mit den Armen führt, zeigt, dass er nicht führen kann, und er wird seine Partnerin bald hin- und her schieben. Die Frau muss sich der Umarmung durch den Mann hingeben, ohne an ihm zu hängen. Bei korrekter Führung erzeugt der Mann einen Raum, in den die Frau fließen kann.

Aber: *Um mich richtig bewegen zu können, muss ich mein eigenes Gleichgewicht, meinen eigenen Raum, meine eigene Unabhängigkeit erhalten - alles Ausdruck der männlichen Energie innerhalb der Frau. Der Tanz ist die Erfahrung beider Energien innerhalb einer jeden Person. Die Frau benutzt die männliche Energie, um ihre Schritte zu vollenden. Dem Mann hilft seine weibliche Energie, sich mit der Partnerin zu verbinden.*

Die Grundlage einer jeden Beziehung, besonders im Tango, ist

ein großer Respekt füreinander ... Die Freiheit, die Sinnlichkeit des Tango auszudrücken, ist nur gegeben bei absolutem gegenseitigem Respekt. Könnte es sein, dass der gleiche Respekt und die gleiche Verbindung auch im wahren Leben zwischen Mann und Frau existiert? Die Verschmelzung der Energien während des Tanzes ist möglich, weil die Grenzen perfekt definiert und beachtet werden. Ist das Leben nicht wie ein Tango?

Ist der Tango erotisch, sinnlich oder sexy? Auch dazu hat Frau Siegmann einige interessante Beobachtungen anzubieten:

Sinnlichkeit ist pure Energie. Sexualität ist Energie, die der Körper ausdrückt. Sinnlichkeit ist innen, Sexualität außen. Sinnlichkeit ist weibliche, Sexualität männliche Energie. Energie ist nicht identisch mit Verhalten, doch wir interpretieren männliche und weibliche Energie als deren Verhalten.

Sexualität ist eine Anzeigetafel. Sinnlichkeit ist das Aroma frisch gebackener Süßigkeiten, das dich in die Küche lockt. Manche Mädchen sagen (durch ihr Äußeres): "Ich bin bereit", obwohl sie in Wirklichkeit nur sagen wollen: "Ich bin hübsch". Tango ist sexy und sinnlich, aber niemals vulgär. Sinnlichkeit entsteht dann, wenn das Ziel darin liegt, sich miteinander zu verbinden. Die Kleidung des Tango ist die sichtbare Manifestation der männlichen und weiblichen Energie. Vulgär dagegen heißt: allein zu tanzen.

Hier etwas, das bei uns viel zu wenig gelehrt oder beachtet wird:

Der geschickte Tänzer muss nicht nur die Einheit mit seinem Partner herstellen, er/sie muss auch nach der Musik tanzen. Ohne Musik degradieren die Schritte zu einem Tauziehen zweier Egos. Die Musik bietet eine Erzählung, eine Beziehung. Auch das Leben kann als Folge verschiedener Lieder gesehen werden, jedes mit einem ein klein wenig anderen Tempo, Thema und Arrangement. Das Leben kann, wie der Tango, sehr kompliziert sein - und zwischen den Partner muss großer Respekt herrschen, sonst wird es holprig.

Und was ist das Geheimnis einer guten Tänzerin?

Während des Tanzes fühle ich mich sicher, vollkommen und mächtig. Doch wenn ich tanze, ohne meinen Geist zuvor klar zu machen, habe ich Füße wie Blei. Das Geheimnis: sich hinzugeben, während das Tanzen leicht fällt - Ich gebe mich dem äußeren Männlichen hin. Doch wenn ich nicht tanze, muss ich lernen, der männlichen Energie in meinem Inneren zu vertrauen. Denn: Folgen impliziert auch eine Pflicht: zuzuhören. Die Frau muss gehen, nicht sich ziehen oder schieben lassen. Der Mann muss die Fähigkeiten seiner Partnerin erkennen und innerhalb dieses Rahmens bleiben.

Aber den Tango darf man nicht mit dem wahren Leben verwechseln. Trotz aller Intimität, trotz der Vertrautheit der Körper und Seelen, trotz der manchmal intensiven Gefühle ist der Tango etwas, das auf einer Bühne stattfindet, auch wenn kein Mensch zusieht:

Im Tango ist es enorm wichtig, sich über die Grenzen des Tanzes klar zu sein. Es gibt eine gefährliche Linie, jenseits derer das "freundlich" in "zu freundlich" umschlägt. In diesem Augenblick wird die Leidenschaft real, und nur die Grenzen des Tangos hindern sie daran, ins wahre Leben hinein zu bluten.

Ihr bleibt zwei getrennte Körper, verbunden durch die Musik des Lebens. Wie im Tango, so ist es auch im wahren Leben gefährlich, sich für jeden Schritt voneinander abhängig zu machen.

Frau Siegmann macht sich auch Gedanken über die richtige Kleidung, etwas, das bei uns ebenfalls ziemlich vernachlässigt wird:

Mir wurde ziemlich schnell klar, wie wichtig die richtige Kleidung für diesen Tanz ist. Jede Kleidung, die für sich allein Aufmerksamkeit erregte, war falsch. Sie verhinderte die erforderliche Verschmelzung der Energien. Die echte Einstellung zum Tango ist individualistisch, aber nicht egoistisch. Sie ist persönlich, aber nicht selbst-betont. Sie dient dazu, selbst zu sein, doch nicht auf Kosten des Partners.

Das Problem (mit lockerer Kleidung) liegt darin, dass die ausgesandte Botschaft anders verstanden wird.

Und ein Trost an die Frauen und Männer, die nicht magersüchtig sind:

Es gibt keinen perfekten Tangokörper. Ob lang und schmal oder kurz und dick, ob alt oder jung, es spielt keine Rolle. Die hübschesten Tangopaare wirkten ungeschickt, weil ihre Energien nicht gemeinsam flossen. Sie machten Schritte, reagierten aber nicht aufeinander. Ihre körperliche Schönheit wurde beschattet von ihrer Unfähigkeit, miteinander in Beziehung zu treten. Die Schönheit von Energien im perfekten Gleichgewicht überstrahlt jeden Glanz und Glitter.

Die Paradoxien des Tango

Paradoxien sind scheinbare oder echte logische Widersprüche. Österreicher lieben sie und können mit Widersprüchen bestens leben. Deutsche fürchten sie; sie wollen lieber Klarheit und Eindeutigkeit. Vielleicht bringt die Auseinandersetzung mit dem Tango auch eine etwas komplexere Weltanschauung mit sich?

Ist der Tango typisch argentinisch? Oder wenigstens südamerikanisch? Mitnichten. Denn:

- Das wichtigste Instrument des Tango, das **Bandoneon**, stammt von dem deutschen Heinrich Band.

- Der bekannteste Tango-Sänger, **Carlos Gardel**, wurde in Toulouse (Frankreich) geboren. Oder in Tacuarembó (Uruguay), jedenfalls nicht in Argentinien.

- Der bekannteste Tango, "**La Cumparsita**", stammt aus Uruguay.

- Der Tango-Rhythmus leitet sich von der **Habanera** ab, und die kommt aus Spanien. Der Milonga-Rhythmus stammt von der **Candombe**, die kommt aus Kuba. Der **Vals** schließlich ist die Tango-Form des Musette-Walzers. Der kommt bekanntlich aus Paris. Und die besten Tango-CDs stammen aus Japan.

Was also ist der Tango? Ganz einfach: Multi-Kulti! Das beginnt mit der Musik. Wie der uruguayisch-deutsche Tangolehrer *Juan Dietrich Lange* es so schön formuliert:

Die jüdischen Einwanderer brachten die Geige ein, die Deutschen das Bandoneon, die afrikanisch-stämmigen den Candombe (einen rhythmusbetonten Karnevalstanz), die Italiener Melancholie und einen Schuss Dramatik, und der einheimische Criollo (afrikanisch-europäischer Mischling) nutzte sein Talent zur Improvisation.

Der Tango ist aber auch eine Sammlung scheinbarer Widersprüche, etwas, das die Logiker "Paradoxien" nennen. Hier einige davon:

- Der Tango ist ein sehr rhythmischer Tanz, und dennoch gibt es in einem Tango-Orchester kein Rhythmus-Instrument! Diesen Teil übernimmt abwechselnd ein Instrument - Klavier, Bandoneon, Geige, Gitarre, Bass, was auch immer. Sogar die Stimme.

- Der Tango ist ein Tanz mit komplexen Figuren und musikalischen Strukturen. Und dennoch sind das Schönste am Tango die Pausen!

- Der Tango ist eine reine Illusion, die gerade mal drei Minuten dauert. Und dennoch lautet ein berühmter Tango von Astor Piazzolla "Drei Minuten mit der Realität". So erleben es auch viele TänzerInnen: Dieser Tanz ist das einzig Reale, trotz oder gerade wegen seiner Illusionen!

- Für einen Außenstehenden sieht der Tango so aus, als ob die vertikalen Bewegungen nachher auf horizontaler Ebene fortgesetzt werden. Dennoch begegnet man/frau im Tango einander mit mehr Respekt als in anderen Tänzen oder sonstigen menschlichen Begegnungen - selbst in Veranstaltungen mit dem betörenden Titel "Nackter Tango"!

- Nirgendwo kommen die Menschen so schnell und so dicht einander nahe wie im Tango. Und dennoch ist dieser Tanz extrem unverbindlich - nach drei Minuten (oder nach drei Tänzen, oder nach drei Stunden) - trennen Mann/Frau sich wieder und gehen ihre einsamen Wege.

- Der Tango ist, wie gesagt, sinnlich, aber nicht erotisch. Der Unterschied: Erotik besteht aus Flirten, Koketterie, hübschen Ritualen, geistreichen Bemerkungen, Vorspiel. Meistens bleibt es auch dabei. Ein Wiener Walzer ist erotisch, ein Strip-Tease auch. Beim Tango dagegen gibt es kein Vorspiel, keine Koketterie, keine

Gespräche, ob geistvoll oder nicht, kaum Rituale. Es wird nicht geflirtet, sondern die beiden Protagonisten gehen ohne Vorspiel aufs Ganze. Mehr geht nicht, und nachher ist's schon wieder vorbei.

- Der Tango ist der sinnlichste aller Tänze, und dennoch findet niemand etwas daran, wenn zwei Frauen oder zwei Männer miteinander tanzen, was durchaus geschieht und über die sexuellen Vorlieben der TänzerInnen nichts aussagt.

- Für Außenstehende sieht es so aus, als ob alle Paare seit Jahren miteinander tanzen, so perfekt verschlingen sich die Beine. Und dennoch kann es sein, dass ein solches Paar zum ersten Mal miteinander tanzt. Denn Tango ist nicht nur Illusion, er ist vor allem Improvisation.

- Der Tango ist ein rein nationaler Tanz (Argentinien, Uruguay) und doch zugleich der globalste Tanz, dessen Sprache überall verstanden wird.

- Die Ursprünge des Tango liegen bei der arbeitenden Bevölkerung, in übel beleumundeten Kaschemmen, zum Großteil bei der schwarzen Bevölkerung Argentiniens. Heute wird der Tango in Salons getanzt, von gut situierten Mittelklassemenschen meist weißer Hautfarbe.

Warum ich gerne führe

Ich führe gern. Führen heißt: Macht ausüben, und ich übe gerne Macht aus, auch wenn das politisch unkorrekt klingt. Ich habe damit kein Problem, doch in Deutschland ist das Verhältnis zur Macht und ihrer Ausübung durch einen Führer leicht gestört. Kein Wunder, nach der schrecklichen Vergangenheit, die noch lange nicht überwunden ist. Indes, das Gegenteil einer großen Dummheit ist noch lange keine Klugheit. Das Gegenteil von totaler Unterwerfung ist die totale Freiheit, doch mit der ist auch nichts anzufangen. Und ein **Macho** ist nicht einer, der die Frauen verachtet oder sich von ihnen aushalten lässt. Was also ist dran am Führen?

Hier ein Beispiel aus der Politik: Seit Ewigkeiten wirft man der deutschen Bundeskanzlerin Angela Merkel mangelnde Führungsqualitäten vor. Sie sagt nicht, wo's langgeht; sie fällt keine augenblicklichen Entscheidungen; sie tritt nicht autoritär auf wie ihr Vorgänger, "Basta"-Mann Gerhard Schröder. Seit einiger Zeit tut man das nicht mehr so häufig. Was war geschehen? Frau Merkel hatte in kurzer Zeit, mit einem Federstrich und ohne lange Diskussion, die Energiewende eingeleitet, entgegen den Willen der Mehrheit ihrer Partei, der Energieunternehmen und der anderen europäischen Nationen. Mit der Flüchtlingskrise hat sie genauso gehandelt. Und inzwischen hat sie sich zur heimlichen Herrscherin über Europa gemausert, ganz ohne Kreischen, Sichzurschaustellen oder autoritäre Töne. Sowas kennen die Deutschen nicht.

Dabei bedeutet führen: ein Ziel klar vor Augen haben und alle Kräfte bündeln, dieses Ziel zu erreichen. Auch im Tango: Das Ziel ist die Figur, die der Her ausführen will, die Kräfte sind diejenigen beider Partner. Der Herr setzt also Impulse, muss dabei aber sich und seine Partnerin vor dem Unbill des Tangolebens beschützen, sprich: auf umhereiernde, Ellbogen ausstreckende, Rückwärtsschritte ausprobierende oder einfach herumstehende Individuen Rücksicht nehmen bzw. diese elegant umtanzen. Der Führende - im folgenden "Mann" genannt - setzt also Impulse. Die Frau muss diese Impulse spüren, das ist ihre Tango-Pflicht. Aber sie muss die Impulse keineswegs befolgen, schon gar nicht so, wie sich's der Mann vorstellt. Ich kenne eine Tangotänzerin, die immer genau weiß, was ich will, aber nie macht, was ich erwarte. So wird das Tanzen mit ihr recht spannend, wenngleich auch ziemlich anstrengend.

Tut die Frau nun etwas, mit dem der Man nicht gerechnet hat - sei es, dass sie ihn anders (nicht falsch!) verstanden hat, sei es, dass sie andere Vorstellungen hat - dann reagiert der deutsche Tangomann üblicherweise mit dem Vorwurf, die Frau hätte sich falsch bewegt, und die Frau meint infolge Jahrtausende alter Prägung das gleiche.

Tatsächlich aber gibt es im Tango kein "falsch", nur ein "unelegant". Und die Aufgabe des Mannes wäre es, nun genauso flexibel wie die Frau zu reagieren und aus den nicht erwarteten Bewegungen seiner Partnerin eine neue Figur zu erschaffen. Denn das ist Improvisation, und Improvisation ist die Grundlage des Tango.

Aber das im deutschen Wesen tief verwurzelte Führerprinzip verhindert so flexible Verhaltensweisen. Der deutsche Mann erwartet, um es mit den Worten eines Münchner Tangolehrers auszudrücken: Die Frau muss *genau* das tun, was ich will, und sie darf *nur* das tun, was ich will. Nicht nur Deutsche denken so. Der argentinische Tänzer *Luis Pereyra* ist laut Aussage seiner Frau Nicole, wie schon erwähnt, ebenfalls der Meinung: Nur was ich führe, wird getanzt, sonst nichts. (*"Er tanzt und führt auf jedem Fuß und in jeder Situation alles."*)

Vermutlich wäre für solche Männer ein Besenstil das besser Gegenstück. Auch mit Besenstilen kann man gut tanzen, aber irgendwie fehlt dabei der gewisse Funke. Das meint auch der berühmte Tangotänzer *Rodolfo Dinzel* in seinem Buch "Tango - eine heftige Sehnsucht nach Freiheit". Er schreibt:

Die übliche Auffassung der Männer über Frauen, die sich nicht fügen, ist die, dass sie "schlecht tanzen". Denn sollte eine Frau einen Dialog versuchen, wird sie vom Mann daran gehindert, wenn dieser den Tanz mit der Haltung eines Senders von Monologen angeht.

Und er fügt hinzu:

Bedauerlicherweise rebellieren nicht alle Frauen gegen die ihnen mit der "Gehorsamspflicht" auferlegte Passivität.

Zurück zum Spaß am Führen. Was ist am Führen im Sinne des Impulsgebens so lustfördernd? Es ist für mich die Möglichkeit, gemeinsam etwas zu gestalten, wobei der kreative Impuls dazu zunächst von mir ausgeht. Ich schlage etwas vor, meine Partnerin versteht den Vorschlag, greift ihn auf, baut ihn aus, flicht eigene

Ideen ein, an denen ich wiederum meine Kreativität entzünden kann. Das ist, was Dinzel den **Dialog im Tango** nennt: eine geheime Zwiesprache der Körper, ein lustvolles Aufeinandereingehen, eine spielerische Gestaltung des gemeinsamen Bewegungsraumes, kurzum: ein improvisiertes Kunstwerk zu zweit. Und das macht Spaß!

Warum ich mich gerne (ver-)führen lasse

Ich lasse mich gerne führen. Führen lassen heißt: sich jemand anderem (und dessen Führung) anvertrauen, sich seiner oder ihrer Macht ergeben. Da bin ich anders als *Friedrich Nietzsche*, dem weder das Führen noch das Geführtwerden Spaß machte; lieber verführte er sich gelegentlich selber zu sich selbst. So autistisch bin ich nicht, aber ich höre auch lieber Tangos als Wagnersche Trauermärsche.

Nur: Männer zu führen ist schon für andere Männer nicht ganz leicht, und für Frauen fast unmöglich. Männer sind größer als Frauen und haben keine Taille, die zu umfassen wäre. Sie sind muskelbepackt und haben größere Schuhe als Frauen. Wo soll frau da zupacken? Zudem: Ein guter Tangotänzer entwickelt im Laufe seines Tangolebens (des einzig wahren, das er kennt) bestimmte Überlebensinstinkte. Wenn's brenzlig wird - eine beim Tango alle paar Takte übliche Situation - dann reißt der Mann die Führung an sich, sonst geht alles schief. Eine Umpolung dieser fest eingebrannten Schaltkreise ist nicht nur unmöglich, sie ist auch nicht wünschenswert. Wie also lässt sich Mann führen? Soll er das überhaupt?

Es geht nicht ums Sollen, sondern ums Wollen. Ich führe wirklich gerne, aber manchmal bin ich total erschöpft, geistig, nicht körperlich, denn es ist sehr anstrengend, drei Stunden oder mehr konzentriert einen improvisierten Tanz zu zweit zu gestalten, das heißt: sich Figuren ausdenken und die dann auch noch in jeder Hinsicht korrekt in Tanzbewegungen zu zweit umsetzen. Ich wäre gern auch mal der Empfangende, zumindest geistig. Und das ist tatsächlich möglich. Zumindest mit Yvonne.

Yvonne ist klein und zierlich und von sanftem Gemüt - wie soll da eine Führung zustande kommen? Ganz einfach: Sie hat die Ideen, ich greife sie auf und setze sie in Bewegung um. Ich muss mich um keine Figuren und keine Choreografie kümmern, muss mir keine Gedanken machen, ob meine Partnerin das versteht, was ich andeute - oder das kann, was ich von ihr erwarte. Denn alles kommt nun von ihr, und ich brauche mich nur darauf einzustellen.

Das mit dem "nur" ist eher symbolisch gemeint. Natürlich ist die Sache alles andere als einfach, aber als Frau im Tango geführt zu werden ist auch wesentlich komplizierter als die Männer meinen. Geführt zu werden erfordert bei diesem Tanz eine hohe Aufmerksamkeit und Konzentration, eine ständige geistige, seelische und körperliche Wachheit, und die Fähigkeit, sofort zu reagieren und sein Gleichgewicht wieder herzustellen. Denn das kommt immer aus dem Lot, bei dem, was die Männer den Frauen im Tango so antun. Oder auch im wirklichen Leben.

Yvonne ist ausgebildete Schauspielerin und Tänzerin. Sie führt keine Schritte und keine Figuren. Sie versucht erst gar nicht, den massigen Männer-Torso in Bewegung zu setzen. Sie fordert ihn vielmehr heraus, indem sie etwas Unerwartetes tut (im Tango geschieht immer Unerwartetes), und er muss sich damit auseinander setzen. So lehnt sie sich in einem Moment verträumt an seine Brust, legt ihre Wange an die seine, schmiegt sich an ihn wie eine schnurrende Katze. Doch kaum glaubt der Begleiter, sich auf diesen wonnigen Zustand einstellen zu dürfen, ist sie schon wieder weg, dreht sich um, wirft ihm noch einen verachtungsvollen Blick vor die erstarrten Füße und schwebt von hinnen.

Jetzt ist er gefordert: Tut er nichts, ist sie tatsächlich weg und tanzt mit einem anderen. Lockt er sie auf die falsche Weise, spielt sie weiterhin die Kühle und lässt sich auf nichts ein. Macht er das Richtige, umschwärmt sie ihn wieder mit gewohnter Koketterie. Dieses Spiel wechselt alle paar Takte - sowas hält die Tango-Beziehung frisch und in Bewegung. Und ein bisschen anstrengend ist es auch, aber das gehört schließlich zum Tanz der Geschlechter. Und zum wirklichen Leben. Und wenn ich mich dann von all den improvisierten Imponderabilien erholen will, dann führe ich wieder eine ganz normale Tangotänzerin auf ganz normale Weise. Ach, ist das beruhigend - ach, ist das langweilig!

Der erste Tango

Einmal ist immer das erste Mal. Doch dass man beim Tango erst mal gehen lernen muss, hätte ich nicht gedacht. Offenbar haben wir das als Zweijährige gekonnt und als Zehnjährige verlernt.

Nachdem mich die Musik des Tango schon immer fasziniert hatte, wollte ich endlich die Gelegenheit ergreifen, die Melodien in Bewegung umzusetzen. Aber so einfach war das nicht, denn in München gab es 1987 so gut wie niemand, der Tango unterrichtete. Nur eine Argentinierin mit deutschen Eltern namens "Alicia" hatte eine kleine, private Tangoschule. Und als ich auf Umwegen endlich zu einem ihrer Anfänger-Kurse kam (Fortgeschrittenen-Kurse gab es noch nicht), da traf sich eine bunt gemischte Gruppe in einem Ballett-Studio in einem Keller am Max-Weber-Platz. Bunt gemischt alters- und standesmäßig: vom Schulmädchen bis zur Rentnerin, vom Handwerker-Gesellen bis zum erfolgreichen Geschäftsmann war alles vertreten - typisch für den Tango.

Glücklicherweise hatte ich vom Tangotanzen noch keine Vorstellungen, sonst wäre ich sicherlich schwer enttäuscht worden. Denn wir *lernten* eine Sache: zu gehen; und wir *verlernten* eine

Sache: zu zählen. Das Wichtigste beim Tango, so erfuhren wir, wäre das richtige Gehen (caminar). Als ob wir das nicht schon mit zwei Jahren gekonnt hätten! Doch was für ein Unterschied zwischen dem, was wir konnten, und dem, was wir brauchten.

Denn was wir in unserer Kultur lernen, ist nicht etwa gehen, sondern bei der Bewegung von Ort A nach Ort B nicht umzufallen. Das können wir. Aber elegant sieht das nicht aus. Setzen Sie sich mal in Ihrem Hauptbahnhof auf den Boden und beobachten Sie, wie die Menschen gehen. Sie werden sich nach einiger Zeit fragen, wo der Unterschied zu unseren tierischen Vorfahren ist. Beim Tango jedenfalls ist Gehen stets mit Eleganz, ja mit Schweben verbunden. Die Füße werden mit der Spitze nach unten knapp über den Boden geführt. Tangueros & Tangueras gehen nicht mit den Beinen, sondern mit dem Oberkörper, der mit Kopf und Becken eine feste Einheit bildet.

Der Tangolehrer Metin hat den Zustand mal sehr anschaulich ausgedrückt: Stellt euch vor, in der Mitte eures Brustbeins (am *punto zero* = Nullpunkt des Tango-Koordinatensystems) wäre ein kräftiger Faden angebracht, der oben an der Decke beweglich befestigt ist. An diesem Faden schwebt ihr durch den Raum. Die Bewegung kommt aus den Schultern und aus dem Becken - Beine und Füße machen von selber mit. Der Körper ruht also nicht auf den Beinen, sondern die Beine hängen am Körper. Der Körper steht nicht auf den Füßen, er hängt am punto zero. Das Vorwärts- und Rückwärtsgehen erfolgt nicht mit den Oberschenkeln, sondern mit dem Becken. Die Beine dienen im Tango nur der Zierde, nicht dem Schreiten. Das muss man/frau erst mal geistig erfassen und dann auch noch körperlich umsetzen!

Etwas zu lernen ist schon schwierig, etwas zu ver-lernen fast unmöglich. Die erste Frage beim Tango-Unterricht lautet stets: Wie zähle ich? Und da wurde unsere Tangolehrerin regelmäßig fuchsteufelswild. Ihre Antwort: In der Liebe zählt ihr doch auch nicht! Na, wer weiß ... Was sie ausdrücken wollte, ist dies: Der Tango ist, wie der Tänzer Rodolfo Dinzel einmal sagte, *eine heftige Sehnsucht nach Freiheit*. Zählen indes hat mit Freiheit nichts zu tun, es wird von den Porteños als unzumutbare Einschränkung empfunden. Und so wird der Grundschritt, die "base", zwar immer als Achterschritt gelehrt, aber so nicht getanzt. Wie lange oder kurz ein Schritt getanzt wird - wieviele Pausen der Tänzer einlegt, ob ein Schritt im Takt oder synkopisch beginnt, ob wir überhaupt mit Schritt 1 beginnen (lieber nicht!) - das obliegt allein dem Tanzpaar. Gezählt wird an der Kasse, nicht beim Tanz. Und auch nicht in der Liebe.

Womit wir bei der Freiheit des Tanzens wären, dem Schwierigsten und zugleich Schönsten beim Tango. Das Revolutionäre am Tango zu seiner Zeit war die Loslösung von einem strengen Tanz-Schema. Bei den amerikanischen Gruppentänzen ist es immer noch üblich, dass ein "Caller" die nächste Figur ausruft, und so war es auch zur Jahrhundertwende in Argentinien, als der Tango entstand. Doch die Porteños wollten sich keinem Ausrufer fügen, sie wollten tun, was ihnen im Moment spontan einfiel. So entstand der Tango als eine Improvisation zu zweit.

So einfach ist das Improvisieren aber nicht. Einer hat die Idee und der Partner nimmt sie auf. Daraus sollte ein gemeinsames Kunstwerk entstehen. Beim Tango ist es üblich (aber nicht notwendig), dass der Tänzer sich etwas ausdenkt und seine Partnerin den Gedanken aufnimmt und mit gestaltet. Damit sie überhaupt mitkriegt, was er meint, muss sie ihm immer sehr nahe sein. Deswegen tanzen die beiden so verschmolzen. (Natürlich nicht nur deswegen - Spaß macht's auch noch!) Um eine Idee umzusetzen, muss sie außerdem jederzeit bereit sein, ihren Standpunkt zu wechseln, ihre Beine zu schwingen, das Gleichgewicht zu verlagern und den Körper in eine völlig andere Position zu bringen. Also muss sie, zusätzlich zur Nähe zu ihm, stets ihr eigenes Gleichgewicht behalten und bewahren. Und da ihre Bewegungen auf ihn zurück strahlen, gilt für ihn das Gleiche: Nähe und dennoch Eigenständigkeit sind die Grundpfeiler dieses Tanzes, den jemand mal als **Meditation zu zweit** bezeichnet hat. Oder auch als **Dialog zweier Körper**.

Übrigens: Ich übe immer noch gehen. Das hat auch Vorteile: Mit absoluten Anfängerinnen (oder wenn mir die Ideen ausgehen) kann ich dann ganz ohne Figuren tanzen, indem wir zu zweit vorwärts, rückwärts oder seitwärts gehen, mal kräftig, mal weich, mal verträumt, mal energisch, mit Pausen und besinnlich-spannungsvollen Momenten zwischendurch ...

Der beste Tango

*Es wäre schön, wenn ich sagen könnte: Asi se bailan el Tango,
also: So wird der Tango getanzt, korrekt, schön, authentisch.
Leider setzt sich die Widersprüchlichkeit des Tango auf der
Tanzfläche fort - besonders da.*

Der Hauptgrund, warum wir verklemmten Mittel- und Nordeuropäer den Tango so lieben, dieser Grund liegt in seiner Tanzhaltung, die ganz offiziell und auch sehr passend den Namen "abrazo" = Umarmung trägt. Denn genau das ist sie: Mann und Frau umarmen einander sofort und ohne Vorspiel in einer Weise, die bei keiner anderen menschlichen Tätigkeit üblich ist - außer (vielleicht) beim Sex. Bei dieser Umarmung fühlt der Mann die Haare der Frau an seiner Wange, er riecht ihr Parfum und spürt ihren Körper an seiner Brust. Die Frau bemerkt den Stoppelbart des Mannes, riecht seinen Schweiß oder sein Rasierwasser und erfährt, wie sich seine Beine um die ihren schlingen. Und das Schönste daran: Wem die Nähe zu diesem Partner nicht gefällt, der oder die kann nach spätestens drei Höflichkeitstänzen die Umarmung wieder lösen - und keiner ist beleidigt. Die Umarmung verpflichtet zu nichts und ist außerdem technisch bedingt, denn die Frau muss stets wissen, was der Mann will, welche Figuren er durch seine Führung plant, und das geht nur über den Körper, nicht über Arme oder irgendein Vorauswissen. Also ist diese Nähe erforderlich - eine schöne Ausrede für dieses einzigartige sinnliche Erlebnis. Kein Wunder, dass die Menschen danach süchtig werden.

Die Umarmung ist also Grundvoraussetzung, den Tango tanzen zu können. Aber es gibt noch andere wichtige Punkte. Ein Berliner Tangotänzer, der sich selbst "*Raul*" nennt, hat seine Ansichten und Erfahrungen in einem kleinen Buch in einem obskuren Verlag zusammengefasst (siehe Literaturliste). Seine Ansichten sind so bemerkenswert (und das Buch vermutlich nicht mehr erhältlich), dass ich sie hier zitieren und mit eigenen Gedanken verstärken möchte.

Der Tango ist ein zuallererst kein trauriger Gedanke, der getanzt wird (so der Komponist Enrique Santos Discepolo), sondern *ein Gedanke, der zu Musik und Tanz wird.* Raul meint: *Melancholie ist dem Tango fremd. Wenn sie vorkommt, so nur als Nostalgie und Sehnsucht begleitender Hauch. Melancholie ist Hoffnungslosigkeit (und auch) Romantik hat kaum Platz im argentinischen Tango. Denn: Der Tanguero ist ein Verlierertyp, aber zugleich ein Rebell. Der Tango ist sein Dialog mit dem Leben.*

Das Wesentliche des Tango liegt in der Improvisation: *Improvisation ist ein weiteres wesentliches Merkmal des lateinamerikanischen Tanzes. Sie bedeutet, dass die Variationen der Musik sofort tänzerisch nachgezeichnet werden. Eigentlich führt der Herr nicht, sondern die Musik. Doch es muss auch die Melodie getanzt werden. Das Tanzen der Melodie ist viel schwieriger als das Tanzen des Rhythmus. Aber gerade hierin liegt die wahre Tanzkunst.* Denn:

Der Tangotanz besitzt wie alle lateinamerikanischen Tänze eine wesentliche Eigenschaft: Es gibt keine vorgeschriebenen, insofern auch keine verbotenen Schritte. Verboten ist es, ohne Musik zu tanzen.

Das erinnert mich an eine Episode, die ich vor etlichen Jahren auf der Praterinsel in München erlebte: Das Veranstalter-Tangopaar tanzte vor. Sie starteten eine Figur, doch bevor sie zum Ende kamen, war die Musik zu Ende. Und die tollen Tänzer hatten nichts anderes im Kopf, als die Figur zu Ende zu tanzen, im Schweigen der Musik. Das ist Tango in München! Doch weiter im Text:

Wenn Improvisation so wichtig ist, warum lernen wir das nicht? Ganz einfach: In Lateinamerika lernen bereits die Kinder auf Festen, die Tänze der Erwachsenen nachzuahmen. *In Deutschland dagegen gilt der Tanz generell als Mädchenangelegenheit.* Die Jungs spielen Fußball und verstecken sich auf der Toilette, wenn Damenwahl ist (Günter Netzer). Die Menschen bei uns lernen nicht durch Nachahmung, sondern: *In Westeuropa ist die Tanzschule zwangsläufig der Eingang zur Tanzfläche. In Deutschland wird ihre Stellung durch zwei urdeutsche Eigenschaften verstärkt: Autoritätsglaube und Hang zum Formalen. - Manchmal versuchen Tangotänzer, Anfängern den Grundschritt (die "base") beizubringen, erfolglos. Denn die Grundlage des Tanzes ist der Rhythmus.*

Also: Wie tanzt man/frau korrekt den Tango? Hier Rauls Rat:

Geschmeidig wie ein Panther, wendig wie ein Fisch, schwebend wie ein Vogel, leicht wie eine Feder: Das sind Eigenschaften, die eine tänzerische Gangart aufweisen muss. Sie ähnelt dann einem Gleiten. (oder einem Schleichen!)

Mit solcherlei Gedanken im Kopf habe ich mir die **zehn Gebote des Tango** ausgedacht. Hier sind sie:

(1) <u>Lasst euch Zeit</u>. Der Tango ist kein Wettrennen, kein gnadenloser Kampf ums Ziel. Er ist ein sinnlicher Tanz, und deswegen lasst die Sinne sprechen. Macht mal Pausen ("Nur net hudeln"), denn im Tango versäumt man nichts außer ein paar wunderbare Momente der Zweisamkeit. Und die sollte man genießen.

(2) <u>Zeigt eure Beine</u>. Sie sind das Charakteristischste und Faszinierendste beim Tango. Streckt sie, zeigt sie, verwendet sie zum Tänzeln, Zeichnen, Kalligrafieren; zum Anbandeln, Flirten, Schmusen. Ob mit den Beinen des Partners oder mit dem Fußboden, das hängt von der Situation ab.

(3) <u>Lehnt euch nicht an</u>. Das darf der "Compadrito", der kleine Gauner, wenn er allein und lässig vor der Friedhofsmauer wartet,

nicht aber die Dame am Herrn, auch wenn es so aussieht. Denn im Tango ist jeder für sich selbst und sein eigenes Gleichgewicht verantwortlich. Also: Bewahrt eure Contenance, sprich: eure Balance, ich meine: eure Achse. Jeder für sich, gemeinsam für beide.

(4) <u>Tanzt zu zweit</u>. "It takes two to tango" singt Louis Armstrong, aber bei manchen Paaren sieht es aus, als ob er seine Partnerin kartoffelsackähnlich umherschleift oder durch die Gegend reißt. Das gilt auch umgekehrt mit anderen Vorzeichen für die Damen: Lasst euch nicht kartoffelsackähnlich umherschleifen, sondern leistet ein wenig Widerstand. Sonst wird aus dem Tango Gelee. Hört auf einander: Der Tango ist ein Dialog, kein Ringkampf.

(5) <u>Hört auf die Musik</u>. Sie ist das Wichtigste; ihr seid nur da, sie durch eure Bewegungen zu illustrieren. Und: wenn die Musik stoppt oder aufhört, dann macht das Gleiche. Außerdem: "Coultergeist" von Phil Coulter muss man ein ganz klein wenig anders tanzen als "Zero Hora" von Astor Piazzolla. Schließlich ist das Requiem von Mozart auch nicht das gleiche wie der Schlusssatz der 9. Symphonie von Dvorak oder Beethoven.

(6) <u>Umarmt euch, aber klammert nicht</u>. Ersteres, weil sonst die Dame die Führung des Herrn nicht spürt. Letzteres, weil sonst der Herr keine interessanten Figuren führen kann.

(7) <u>Tanzt elegant</u>. Euer Vorbild sei Fred Astaire, nicht Wladimir Klitschko.

(8) <u>Tanzt, wie eine Katze geht</u>. Nehmt euch den gespannten, eleganten, verführerischen und zupackenden Gang dieser schönen Tiere zum Vorbild, nicht das Tapsen junger Hunde.

(9) <u>Sucht und findet euren eigenen Stil</u>. Wenn dann jemand sagt: Das ist aber kein Tango, dann entgegnet: Das ist aber *mein* Tango.

(10) Vergesst nicht: <u>Der Tango ist Bühne und Illusion</u>, eine Welt für sich. Das wahre Leben (was immer das auch sein könnte) sieht anders aus. Die Stimmung einer Tangoveranstaltung ist nicht auf

das wahre Leben übertragbar. Illusionen sind wunderbar; aber nur dann, wenn sie als solche erkannt werden.

Tanzen oder nicht tanzen?

Das ist nicht nur hier die Frage. Ein Expertenstreit tobt im Internet und wohl auch auf manchen Tanzveranstaltungen. Worum geht es?

In Buenos Aires (fortan: B.A.) haben sich mehrere Sitten und Gebräuche herangebildet, deren Übertragung auf europäische Verhältnisse Schwierigkeiten bereitet oder gar sinnlos ist. Unter anderem geht es darum:

(1) Aufgefordert wird per Augenkontakt + Nicken (**cabeceo** = ich nicke). Das setzt voraus, dass Einzelpersonen und Paare einen festen Platz im Saal haben und Augenkontakt möglich ist. In B.A. werden Eintretende vom Kellner bzw. Veranstalter auf ihren Platz gebracht - was heißen kann, dass jemand in der hintersten Reihe sitzt und keinerlei Augenkontakte möglich sind.

(2) Bevor der Tanz beginnt, unterhalten sich die Partner über mehrere Takte hinweg. Erst dann, fast ab Mitte des ersten Tanzstücks, wird getanzt.

(3) Der Musikaufleger (neudeutsch: DJ bzw. DJane, falls weiblichen Geschlechts) spielt drei bis vier Stücke der gleichen Art, vom gleichen Interpreten, aus der gleichen Schaffensperiode (**tanda** = Reihe), also z.B. drei Tangos von Carlos Di Sarli, oder drei Milongas oder drei Tango-Walzer.

(4) Auf eine Tanda folgt ein nicht-tanzbares Stück, eine **cortina** (= Vorhang). Sie soll ein Signal für die Tänzer sein, sich zu trennen,

auf den eigenen Platz zurück zu gehen und das Spiel der Paarung von neuem zu beginnen.

(5) Sitzen Paare zusammen, werden sie nicht aufgefordert, außer, ein Partner tanzt mit jemand anderem.

(6) Frauen fordern nicht auf.

Wozu sind diese Verhaltensweisen, wie ist das bei uns?

(1) Die Kontaktaufnahme per Blickkontakt war früher die einzige Möglichkeit, eine Dame aufzufordern. Die Damen wurden nämlich von Anstandspersonen (Mutter, ältere Schwester, Bruder, Onkel, etc.) begleitet und bewacht. In deren Machtkreis einzudringen war gefährlich. Also blieben die Männer den 'Beschützern' der Dame lieber fern. So kam es zur erwähnten Sitte.

Die wäre auch hierzulande eine schöne Einführung, denn dann könnte man/frau sich die Demütigung eines Korbes samt des Gangs über die ganze Tanzfläche - und zurück! - ersparen. Es funktioniert nur recht schlecht. Die Sitze sind nicht so angeordnet, oft ist es zu dunkel, und vor allem: Schaut man in Deutschland jemandem direkt in die Augen, wird dies als Aggression empfunden, und die angepeilte Person blickt indigniert weg. Zudem fehlt die ständige Aufmerksamkeit: Die Nicht-Tänzer unterhalten sich angeregt, blicken tief in ihr Bier oder auf ihr Handy. Wie soll da ein Augenkontakt zustande kommen? Solange eine Kultur des Wegschauens vorherrscht, bleibt Mann oder Frau nichts anderes übrig, als zu Dame oder Herrn hinzugehen und mit "Darf ich bitten?" oder einem freundlichen Lächeln samt einladender Geste auf einen Tanz zu hoffen.

Nicht jeder porteño findet den Augenkontakt gut. *Mariano Frumbóli*, der große Erneuer des Neotangos, sagte in einem Interview zur Aufforderung durch Augenkontakt: Ich gehe lieber zum Tisch. Ob er da auch Körbe kriege? Oft, meinte er, aber das gehört dazu.

Kann man den Cabeceo lernen? Ich hab's versucht - mit fatalen Folgen. Siehe meine Satire "Lasst Blicke sprechen".

(2) Männer und Frauen kamen damals nicht so leicht zusammen. Was heißt damals: In Deutschland beispielsweise waren Tanzveranstaltungen und Bälle bis in die 1960ger Jahre eine der wenigen Möglichkeiten, dass die Geschlechter einander näher kamen. Erst mit der Rebellion der Achtundsechziger änderten sich die Sitten. So war das Gespräch vor dem Tanz die einzige Möglichkeit für den liebeshungrigen Tanguero, etwas über die Dame seines Herzens zu erfahren. Ihre Adresse z.B. Die Sitte hat sich in Buenos Aires gehalten, war aber in Europa nie verbreitet. Vergesst sie! Ich gehe beim Tanzen zum Tanzen, Plaudern kann ich später.

(3) Auch Tandas sind aus den strengen Sitten der damaligen Zeit verständlich. Sie gaben einen Rahmen: Eine ganze Tanda lang durfte der Herr die Dame genießen, dann war Schluss. Tanzte er eine zweite Tanda, wurde er entweder zum Duell herausgefordert, oder er galt offiziell als mit der Dame verlobt. Daran sieht man, dass der Sinn der Tanda verschwunden ist, was anscheinend keiner der europäischen Musikaufleger weiß. (In Europa gab es etwas Ähnliches mit der *Tanzkarte*, in die Ballbesucherinnen die Tänze und die Herren eintrugen, mit denen sie den Abend verbringen wollten. Da war die Reihenfolge der gespielten Tänze allerdings für den ganzen Abend bereits bekannt.)

Immerhin: Die Tanda hat Vor- und Nachteile. Sie gliedert das Geschehen. Ich weiß, wann ich mich von einer Partnerin trennen oder mich auf eine neue Suche machen kann. Wenn man(n) nach seiner Traumfrau Aussicht hält und frau nach ihrem Traumtänzer, wissen beide: Nach dieser Tanda ist die Chance da.

Eine Tanda hat aber auch Nachteile. Wenn ich beispielsweise höre, dass jetzt drei bis vier Milongas angesagt sind, setze ich aus, denn ich bin kein Milongatänzer. Und wenn gerade meine Traumtänzerin in meinen Armen liegt, weiß ich, jetzt gibt es Enttäuschung und Frust, auf beiden Seiten. Merke ich dagegen, dass nun drei moderne Puglieses kommen werden, suche ich sofort nach einer Dame, mit der ich diese Tangos zelebrieren kann. Finde ich sie nicht, weiß ich, dass auch dies eine verlorene Zeit ist.

Zudem werden Tandas bei Neo- und Non-Tangos ("NNT") sinnlos. NNTs dauern viel länger als normale Tanzstücke und erfordern eine derart hohe Aufmerksamkeit, dass ein zweiter NNT oft zum Tanzabbruch führt.

Kurzum: Ein kreativer Tänzer stellt sich auf das ein, was kommt, ein konventioneller Tänzer wird es lernen. Außerdem liebe ich die Abwechslung; selbst nach zwei Walzern, so schön sie auch sein mögen, möchte ich wieder was anderes tanzen.

(4) Mit der Begründung der Tanda aus sittlichen Überlegungen ergibt sich automatisch die Notwendigkeit, sie zu unterbrechen - eben mit einer Cortina. Ohne Tandas sind auch Cortinas sinnlos. Abgesehen davon, dass es bei NNTs keine Cortinas geben kann, weil Neotangotänzer alles vertanzen, sinkt durch die Pause auch der Energiespiegel. Und, wie es die Teilnehmerin "Frauke" des deutschlandweiten Tangoforums bei Yahoo so schön ausdrückt:

*(Cortinas) unterbrechen leider oftmals den Tanzfluss. Wer weitertanzen will wartet notgedrungen und wer nicht, kann sich doch auch ohne trennen. Erwachsene Menschen lassen sich - und wollen natürlich auch nicht - auch nur sehr schwer erziehen ;-). Auch stört es mich, wenn als Cortina ein verdammt toller Rock'n'Roll gespielt wird, es dann extrem in den Füßen juckt und man nicht drauf tanzen *darf*.*

Auch Sabine aus Augsburg ("eine Frau, die seit Jahren sehr aktiv im Tango ist") stellt fest:

Cortinas sind für mich einfach langweilend. Als DJane wechsle ich Rhythmus, Stimmungslage und Charakter meiner Musik nach "Gefühl" und Anlass (Motto des Abends etc). Und alles funktioniert.

Warum sollen/müssen sich Tanzende heutzutage nach genau drei Tänzen trennen, gemäß der Vorschrift irgendeines Musikauflegers? Ein Diskussionsteilnehmer namens "Danzarin 12" sagt dazu:

Was ist eigentlich so schlimm am Tanzfluss? Was ist so schlimm, wenn zwei Tänzer sich und ihren Tanz genießen? ... Ich selbst tanze den Tango Argentino, da er mich in meinem Dasein hier und jetzt anspricht. Ich brauche keine historischen Verhaltensweisen, exotische Urlaubserinnerungen oder Benimmmeister. Und ich brauche keine Cortinas. Ich brauche gute TJ's.

Womit wir zu einer anderen Frage kommen: Wer ist ein guter Tangomusikaufleger? Manchmal staune ich, wie viel Mühe sich - scheinbar - manche TJs geben. Sie hocken den ganzen Abend hinterm Mischpult, mit Kopfhörern von der Umwelt abgeschirmt, bereiten akribisch den nächsten Tango oder die nächst Tanda vor, und glauben, auf diese Weise die Stimmung auf der Tanzfläche einfangen und entsprechend darauf reagieren zu können. Aber klappt das? Abgesehen davon, dass sie sich selbst um den Genuss des Tanzens bringen - kann man auf diese Weise Stimmung erfühlen oder erzeugen? Nur so, sagen die einen. Ganz und gar nicht, sagen die anderen.

Eines wird oft vergessen: Das einzelne Musikstück ist bedeutungslos. Es ist sowieso nicht möglich, es jedem Recht zu machen. Was der eine wunderbar findet, lehnt der andere vehement ab. Sowas ist nicht vermeidbar, außer, man schränkt sein Publikum erheblich ein (was leider viel zu viele tun). Entscheidend ist die **Zusammenstellung** der Musikstücke, ihre Aufeinanderfolge, die Stimmungen, die durch sie entstehen, vergehen, sich neu formieren. Und darüber kann ich mir auch schon vorher Gedanken machen. Viele Musikmacher scheinen aber den Sitz hinterm Mischpult zu genießen. So brauchen sie sich nicht unters Volk mischen oder gar sich um die Gäste kümmern. Das tut sowieso niemand in den Großstädten. Fremde werden meist als Eindringlinge betrachtet und isoliert, anstatt sie zu integrieren und ihnen das Tangoleben leicht zu machen. Doch zurück zur Musik.

Die Regeln der richtigen Musikfolge zu formalisieren fällt schwer; Erfahrung und Intuition, aber auch Zeitgeist und Art der Milonga spielen eine Rolle. Beispiele:

- Auf einen langen, schwierigen Neotango muss etwas Leichtes folgen, also ein klassischer Tango von Di Sarli oder Canaro.

- Drei Milongas hintereinander sind zu viel. Ein langsamer Neo- oder Nontango verschafft frischen Atem.

- Die letzten drei Tangos sind besonders wichtig. Sie erzeugen jene Stimmung, mit der ich meine Gäste entlassen will. Besitzt der letzte Tango eine eingängige Melodie, werden die Gäste ihn auf dem Nachhauseweg mitsummen. Ein Beispiel: Jüngst legte ich als letzten Tango ein stimmungsvolles Stück von Hubert von Goisern auf: "Hearst es net". Unsere Milongabesucher sangen das Lied beim Abschied und wahrscheinlich auch auf dem Nachhauseweg.

Für mich selbstverständlich: Die letzten drei Tangos werden angekündigt und *nicht* verlängert. Für mich sind "Verlängerungen" ein Zeichen für die Unfähigkeit des Musikauflegers, sich den Schluss zu überlegen. Schlimmster Fall: Ein Gast-TJ in einer Münchner Milonga kündigte die letzten drei Tangos an. Er spielte eine Milonga (sowieso ein Unding für den Schluss), dann kam als Zugabe eine zweite Milonga (schneller als die erste), dann eine dritte (schneller als die zweite), dann eine vierte (schneller als die dritte), dann eine fünfte (schneller als die vierte). Schließlich griff die Veranstalterin ein und drehte dem durchgeknallten TJ den Saft ab. Soviel zur Sensibilität Gästen gegenüber!

Zurück zu den Tandas & Cortinas. Muss man sich alles vorschreiben lassen? Den Gipfel der Regelungswut erreichte die Tangogemeinde mit der "Tango-Ampel". Sie ist eine Realsatire, die im Internet so erklärt wurde:

Die TangoPOP-Ampel ist eine Entwicklung von Enrique und mir (Ronny). Ihr alle kennt das Problem, man schwatzt vergnügt mit einer Lady und vergißt wie viele Lieder der Tanda schon vorüber sind. Dann hört man einen tollen Tango und fordert eine Dame auf. Es folgt die Cortina und eine missliche Situation (die Frau könnte es einem übel nehmen). Um das zu vermeiden gibt es die TangoPop(ular)-Ampel (eine ganz normale Verkehrsampel), die übrigens über das Musikabspielprogramm gesteuert wird. So muss ich z.B. nicht mehr bis 4 zählen können, sondern ein Blick auf die

Ampel genügt um zu erkennen, ob das Auffordern gerade günstig ist (grün), nur noch 2 Lieder (gelb), letztes Lied (rot).

Zusätzlich wird in der Cortina angezeigt, ob als nächstes Tango, Vals oder Milonga folgt, so dass man schon Blickkontakt zu seiner Herzdame des entsprechenden Tanzes aufnehmen kann. Außerdem geht in der Pause das Barlicht an, so dass man vor lauter guten Tänzen das Trinken nicht vergißt.

Ich habe darauf geantwortet:

Die Idee mit der TangoPOP-Ampel ist ja gut, aber unvollständig. Mir jedenfalls reicht es nicht, wenn ich weiß, dass ich beim Tango die große Liebe meines Lebens kennen gelernt habe, sie aber bei der nächsten Cortina wieder entlassen muss und sie vielleicht nie wieder sehen werde, weil ein braver deutscher Disk-Jockey mir das gerade vorschreibt. Schließlich sind wir in Deutschland, und Ordnung muss sein. Jedenfalls ist rot - gelb - grün zu wenig. Ich möchte auch wissen (und werde mich als braver Bürger selbstverständlich daran halten), ob ich jetzt reden darf oder schweigen muss; ob ich flirten darf oder über Politik mich unterhalten soll; ob ich mich mit einer guten Tänzerin verbinden darf oder mit einer Anfängerin vorlieb nehmen muss; ob ich fetzig tanzen darf oder im Schritttempo tanzen muss; und vor allem: ob jetzt ein Tango kommt, bei dem ich mich bewegen darf, oder eine Cortina, bei der ich auf jeden Fall tanzmäßig erstarrt stehen zu bleiben habe.

Ich schlage also die Erweiterung der TangoPOP-Ampel dergestalt vor, dass auch noch Botschaften (Gebote, Verbote) an die Wand gebeamt werden, der Form: tanzen - trennen; flirten - ernst sein; Distanz wahren - sich verlieben; usw. Schließlich: Wo kämen wir denn hin, wenn im Tango jeder macht, was er will!

Statt mit selbstverständlichen Verkehrsvorschriften den Besucher zu belästigen (einzige sinnvolle Regel: Nehmt Rücksicht aufeinander), sollten sich die Milonga-Veranstalter lieber um die Gäste kümmern. Wie oft haben wir es erlebt, dass wir in einer uns fremden Milonga eher als Eindringlinge denn als willkommene

Gäste behandelt wurden - ganz abgesehen von einer persönlichen Begrüßung und Betreuung, die es kaum wo gibt, die wir jedoch in unserer eigenen Milonga ganz selbstverständlich anbieten.

Regel (5) (keine Paare durch Auffordern trennen) erscheint mir sinnvoll, wird bei uns aber nicht eingehalten. Will ein Paar mit anderen tanzen, braucht es sich nur auseinander zu setzen, dann sind die beiden sozusagen "single".

Regel (6) (nur Männer dürfen auffordern) ist die sinnloseste überhaupt. Sie machte Sinn bei einem Frauenmangel, wie er damals in Buenos Aires herrschte, wo zehn Männer um eine Frau kämpfen mussten und sich diese als Prinzessin auf dem Thron fühlen konnte. Die Zeiten sind vorbei, heute ist es eher umgekehrt: Auf zehn Frauen kommt ein Mann. Also sollten sich auch die Sitten umkehren, aber das tun sie nicht.

Warum sollen *nur* Männer auffordern? Warum sollen *überhaupt* Männer auffordern? Nur weil wir die Traditionen der wilhelminischen Ära aufrechterhalten wollen? Wollen wir das überhaupt? Tatsache ist:

- Auf den meisten Milongas gibt es mehr Frauen als Männer. Also wäre es viele nützlicher, sie würden die Initiative ergreifen.

- Frauen können viel besser sehen, wer gut tanzt. Eine Tänzerin muss sich dem Mann und seinem Können oder Nicht-Können anpassen. Beim Zuschauen kann man(n) also schwer erkennen, wie gut die Dame ist - oder wie gut sie mit ihm harmoniert. Damen können das viel besser abschätzen.

- Warum sollen immer nur Männer den Frust der Abweisung ertragen? Die Damen können im Zuge der Gleichberechtigung auch ihren Beitrag zur Frustüberwindung leisten!

Dazu kommt: Selbst auf Milongas, bei denen die Damen zur Aufforderung ermuntert werden, sehen die meisten Herren das nicht gerne, und die Dame wird als Emanze abgestempelt und danach erst recht nicht mehr aufgefordert.

Kurzum: Aber da ist nichts zu machen, weder in den fortschrittlichen Ländern des Nordens, noch - schon gar nicht - in den traditionsbewussten Ländern des Südens. Mann bleibt Mann und kann offenbar nicht ertragen, wenn er ausnahmsweise mal *nicht* die Initiative ergreifen darf. Frau bleibt Frau und kann offenbar nicht ertragen, wenn sie *nicht* als Prinzessin auf den Ball geht und vom Märchenprinzen auf Händen nach Hause getragen wird.

Jemanden aufzufordern zieht auch eine gewisse Verantwortung nach sich: Der Auffordernde meint, er müsse der aufgeforderten Person etwas bieten. Und wenn's daneben geht, ist der Auffordernde Schuld daran. Eine solche Denkweise hält viele Frauen davon ab, Männer aufzufordern (nicht aber Frauen, als Führende). Dabei ist die Sache ganz anders: Wer auffordert, bietet dem anderen einen Kontrakt an. Sagt der Aufgeforderte "ja", akzeptiert er/sie den Vertrag, und das bedeutet: Beide bemühen sich um eine gute Tanzfolge. Ob sie gut wird, weiß vorher niemand, selbst wenn die beiden einander ein Leben lang kennen. Und wenn's nicht gut geht, hat niemand daran Schuld.

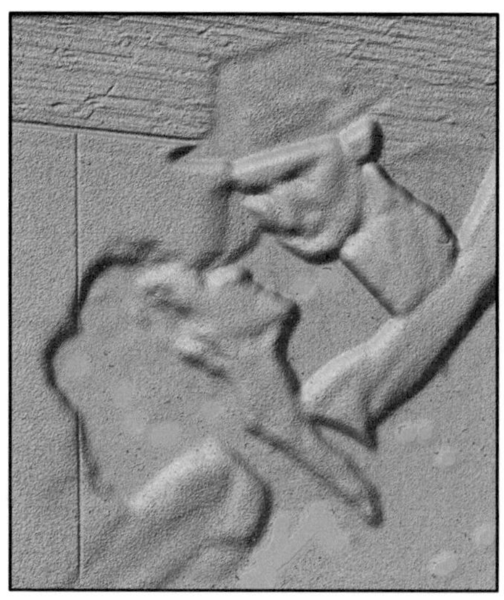

Teil II: Gefühle

Der letzte Tango

Der letzte Tango - wird er die Erfüllung des Abends, romantisch, schwebend, verschmolzen in den perlenden Melodien und auf ihnen reitend, sich über den harten Boden der Wirklichkeit erhebend? Oder endet die Exkursion ins Reich der Illusionen (wie so oft) mit Enttäuschung, Frust, Neid, Trauer und Verlorenheit?

Und siehe da: *Sie* stand da, die kleine Schauspielerin, mit der ich so lustig und vertraut tanzen kann. Sofort verschränkten wir uns in der Meditation zu zweit, umtänzelten einander, machten unsere Scherze, liebevoll, spritzig, verträumt, augenzwinkernd. Wie eine Katze umstrich sie mich, mal auf Distanz, mal schmusend, leicht benebelt vom Geist des Rotweins, tänzeln und träumend.

Und wieder wurde es eine knappe Stunde der tangomäßigen Verzauberung, des innigen Wiegens und voneinander Fortlaufens, des liebevollen Im-Arm-Liegens und der stolzen Abweisung, des sanften Schwebens und der gewagten Sprünge, des weichen Kuschelns und des snobbistischen Wegschauens, der verschmolzenen Nähe, mit dem sanften Duft des anderen in der Seele.

Das Glück der letzten Minuten, die Illusion der Mitternachtsstunden, die Träume unter dem roten Schein der gedämpften Lampen und blutenden Rosen, die Illusion der flackernden Kerzen und der verlorenen Klänge, das alles zelebrierten wir auf gewohnte und immer wieder einmalige Art - bis dann alles in der frischen Nachtluft zerrinnt und die Träume verwehen und sich der Hauch der wahren Welt in die Herzen schleicht und die Schönheit der Illusionen langsam auflöst, wie duftender Morgentau im harten Licht der Sonne.

Ein Mensch

Frei nach Eugen Roth

Ein Mensch, dem Tango ganz verfallen
findet an sonst nichts mehr Gefallen.
Vom Tango-Virus ganz besessen
hat er die Wirklichkeit vergessen.
Familie, Arbeit und die Welt,
der Kanzler, Steuern und das Geld -
sie alle existiern als Traum.
Das einzig Wahre ist der Raum,
in dem man nachts die Beine schwingt,
da, wo die Körper sich verschlingen
und um die Vorherrschaften ringen,
da, wo die Seelen sich berühren,
(und wo die Männer meistens führen,
wenn auch gelegentlich die Damen,
doch stets nur im korrekten Rahmen).

Der Mensch, der sich als Macho fühlt,
hat sich entsprechend eingehüllt,
trägt nur noch Handschuhe und Hut
und eine Fliege, rot wie Blut.
Die Schuhe glänzen wie die Haare,
und auf der "Piste" gibt's nur Paare.
Die Luft ist schwül, der Boden glatt,
und wer noch keinen Partner hat,
der macht sich hurtig auf die Suche
(und endet oft mit einem Fluche,
denn seines Wunsches Tanzobjekt
hat längst ein anderer entdeckt).

Der Mensch bemüht sich unverdrossen
um weiblich-schöne Tanzgenossen.
Er tanzt mit Jungen und mit Alten,
mit Schönen und mit Missgestalten,
mit den Verspielten und den Lahmen,
mit lockren Gören und mit Damen,
mit weichen Frauen und mit harten
(die auf den Märchenprinzen warten).
Am Ende einer langen Nacht
fühlt er sich richtig voll geschafft
und geht zufrieden dann nach Haus -
für ihn sind nun die Träume aus.
Nur in der Früh am nächsten Tag
da stellt sich ihm die bange Frag:
Ist nun die Wirklichkeit ein Traum
oder der Tango bloßer Schaum?
Lang hat er drüber nachgedacht -
die Antwort fand er - nächste Nacht!

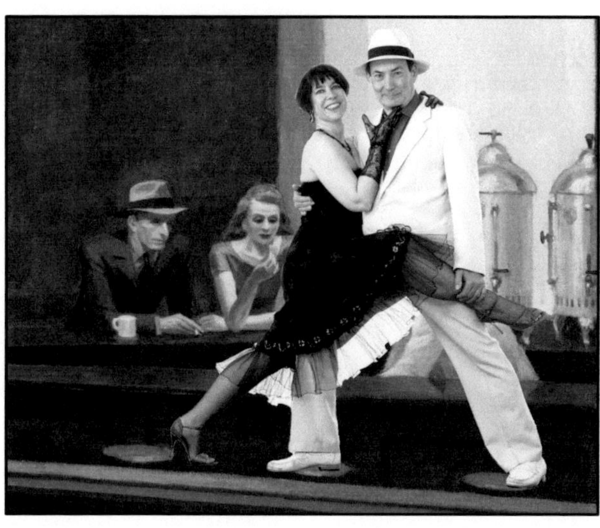

Exiltango

Die Schöpfer des Tango waren aus ihrer Heimat Vertriebene. Im neuen Land fanden sie Armut und Verlassenheit und noch vieles mehr, nur keine Heimat. Solche Gefühle der Verlorenheit prägten das Gefühl des Tango, und ohne dieses Gefühl kannst du nie richtig Tango tanzen.

Lange habe ich geglaubt, dass die sehr dichte Nähe im Tango mich vor der Einsamkeit schützen könne. Dass der Mensch im Tango die Einsamkeit überwinden könnte. So eng und so fest umarmt. So nah. Doch der intensive Kontakt berührt vielmehr den Schmerz. Die großen Emotionen. Diese große Lust zu weinen. Ein Schmerz, der lustvoll ist, weil er ein Stück lebendig macht.
Nicole Nau: Tangodimensionen

Die Stunde zwischen Mitternacht und Morgen - sie ist eine wahre Geisterstunde, wo die Seelen der verstorbene Porteños erwachen und von den Tanzenden unmerklich Besitz ergreifen, bis auch sie die Einsamkeit der Exilierten spüren und die verlorene Geborgenheit einer intensiven Tangobeziehung erleben.

Du bist verloren wie der arme Kaminkehrer, der seine galizische Heimat verließ in der Hoffnung, in Argentinien das Paradies zu finden - oder zumindest Schutz vor Verfolgung. Du stehst am Rand der Tanzfläche und findest, durch Augenkontakt, durch Intuition, durch Lenkung deiner Götter, die Tanz-Partnerin fürs Leben - für die Illusion, die "Tango" heißt und ein ganzes Leben ausmacht, auch wenn es nur drei Minuten dauert. Du umfasst sie und weißt sofort, das ist sie, auf die du so lange gewartet hast, der Traum deiner Träume, die Erfüllung deines Lebens.

Seelenvoll tanzt du mit ihr, vorsichtig führst du sie übers Parkett, lässt ihr Raum, und spürst, wie sich ihre Seele entfaltet und ihr Körper erblüht. Die Kapelle spielt einen Tango aus dem Film

"Exil", und auch du fühlst dich als Verstoßener, als Außenseiter, der nirgends hingehört, ein Fremder unter Fremden, die ihn anstarren, als gehöre er nicht zu ihnen, unfähig zur Kommunikation mit dem Fremden um sie - mit dem Fremden in ihren Seelen. Du bist verbannt, verlassen, verloren. In diesem Ausgeliefertsein an ein unbegreifliches Schicksal klammerst du dich an die Person vor dir, neben dir, mit dir, die deinen Impulsen folgt und dennoch selbständig bleibt, ebenfalls verloren, und doch auch in ihrer Welt gefangen.

Du baust eine Gemeinschaft auf für die Dauer eines Tango - also für die Ewigkeit - die doch nach den letzten Klängen des Bandoneons zerbricht, da die Wirklichkeit wie ein schwarzer Krake in die Geborgenheit des Paares eindringt und sie auseinander reißt, ihnen zeigend: Ihr gehört nicht zusammen. Niemand gehört zusammen, denn ihr wisst gar nicht, wer ihr seid. Ihr seid euch selber Fremde, und ihr werdet das für immer bleiben. Nur in den seltenen Augenblicken, da die Musik euch umhüllt und die Seelen aus ihren Gefängnissen vorsichtige Fangfäden der Sehnsucht nach außen strecken, nur in diesen Momenten der Ewigkeit glaubt ihr, dass es außer euch noch jemand gibt, noch eine weitere verlorene Seele, mit der zusammen die Einsamkeit verschwinden würde.

Doch die Illusion des Tango ist die Illusion des Lebens. Ihr seid Inseln in einem Strom unverständlichen Murmelns. Nur die Musik verbindet euch, die Bewegungen, die Körper, die sich flüchtig berühren, die innig ineinander versunken verweilen, um sich dann doch wieder im unerbittlichen Takt des Tango zu lösen, die nie verharren können, immer auf der Flucht - vor der Welt, vor den Menschen, vor den Abgründen in den eigenen Seelen.

Und doch - beim Nachhall des letzten Tons hört ihr eine unendlich ferne Melodie, und der Hauch von etwas Gewaltigem legt sich als warmroter Schleier der geträumten Geborgenheit über eure wunden Seelen ... für einen winzigen Augenblick ...

Sibirischer Tango

Sie müssen nicht nach Moskau oder Petersburg fahren, um zu wissen, wie man im russischen Winter Tango tanzt. Dazu genügt der Dianatempel im Münchner Hofgarten - zur richtigen Jahreszeit.

Seit über einem Jahrzehnt gibt es den Tango im (nach allen Seiten offenen) Dianatempel mitten im idyllischen Hofgarten. Dort trifft sich jeden Freitag die Gilde der Tango-Besessenen und tanzt von Einbruch der Dunkelheit bis zum ersten Dämmerschein. Seitdem der Eisläufer Alfred die Sache managt, gibt es jeden Freitag Tango im Freien, Sommers wie Winters, ob der Vollmond scheint oder der Schneewind heult.

Martina ruft an, sie möchte gern in den Hofgarten. *Ob da heut was los ist?* frage ich zweifelnd. *Natürlich*, sagt sie, *der Alfred ist doch eiskalt.* Wie Recht sie haben wird! Schon wie ich los radle und der eisige Wind um meine Ohren pfeift, weiß ich: Dies wird ein unvergesslicher Tango-Abend. Unvergesslich kalt.

Martina steht schon da, dick vermummt. Drei Paare tanzen, Alfred mit einer jungen, Oskar und Johanna, noch ein Paar. Wir ziehen uns die Tanzschuhe an, doch die Mäntel bleiben am Körper. Und los geht's. Der Wind heult um die Ecken, aber uns wird schon warm werden. Wenn zwei Körper einander beim Tango näher kommen ... sie kommen sich aber nicht näher. Die Mäntel sind so dick. Egal, wir tanzen. Dauernd gehen ist aber auch langweilig, das kann der Gustavo Naveira, ich kann auch Figuren. So führe ich Martina in ein Sandwich und höre wieder auf: Das Herumstehen in einer zugigen Ecke halt ich nicht aus. Außerdem sind alle Ecken zugig, schlimmer noch: Im Diana-Tempel gibt es gar keine Ecken. Ich mache eine andere Figur, unsere Körper trennen sich, der Wind pfeift dazwischen, ich höre wieder auf damit.

Merkst du nicht, wie meine Schultern weicher geworden sind? *Nein*, entgegne ich, *ich merke nur, wie weich dein Mantel ist. Ich spür gar nichts von dir.* Wir tanzen selbstvergessen. Wo sind eigentlich meine Handschuhe? Und warum habe ich keine Pelzmütze mit wie die anderen? Wo ist überhaupt Martina? Irgendeine kalte Hand halte ich in meiner Linken, also muss sie noch in der Nähe sein. *Was ist denn da für ein Nebel?* fragt sie. *Das ist dein Atem.* kläre ich sie auf. Ich müsste mal fort, aber Martina lässt mich nicht. *Sie spielen so schöne Walzer, warte auf den ersten Tango.* Nach zehn Walzern kommt ein Tango. *Kann ich jetzt - ?* flehe ich. Aber der Tango ist so schön!

Die Temperatur sinkt kontinuierlich, die Windstärke steigt. Alfred spielt russische Tangos, wie passend, danach kommen solche aus Finnland, wie sensibel. Der Meister der Musik kommt vorbei und fragt, ob er gleich aufhören soll oder erst nach einer Stunde. *Gleich* sage ich. *In einer Stunde* sagt Martina. Alfred hört, wie üblich, auf die Frauen. Er verschwindet einfach - vermutlich ins Café Anast, um sich dort an einem Cappuccino zu wärmen. Ich denke voll Neid an Alfred, der jetzt im Café sitzt, eine laue Schokolade schlürfend und seine Mittänzerin mit amüsanten Anekdoten aus der Kindheit unterhaltend.

Endlich kommt Oskar und möchte mit Martina tanzen. Ich flüchte hinter die Büsche. Als ich wieder komme, ruft Alfred gegen das Wüten des Windes: **Der letzte Tango.** Doch er findet den AUS-Knopf nicht, und so geht's weiter. Schließlich packt er den Rekorder auf sein Fahrrad, ruft: **Mir nach!** und radelt davon. Wir folgen ihm wie in Trance. Nach 100 m kehre ich um, ich hab ja noch mein Fahrrad stehen. Wie heißt dieses alte Märchen gleich? Ach ja, der Tangotänzer von Hameln ...

Feuertango

*Das Glück, das du nicht kennst, macht dich nicht unglücklich,
wenn du es nicht kriegst, aber der Blick ins Paradies macht dich
unzufrieden, denn dort möchtest du hin - und du weißt, dass es dort
wunderschön ist.*

Ich saß ich alleine da, schon etwas müde, ein astrologisches Feuerzeichen, das sich nach einem Tanz mit einem anderen Feuerzeichen sehnte. Und dann geschah es: Ariane rückte von ihrem Partner ab und forderte mich auf.

Plötzlich war die Einheit da, die es in der Wirklichkeit so selten gibt: Die Körper verschmolzen zu einem kreiselnden Gebilde, die Musik befeuerte und untermalte unseren Gleittanz, wir gaben zurück, was wir erlebten und zeigten, was in Osvaldo Pugliese an Bewegungsfeuer steckt. Wir blieben für uns und fanden dennoch zueinander, wir tanzten für uns und bezogen dennoch das Publikum mit ein. Und mit jedem Tanz wurde es besser, intensiver, flüssiger und witziger. Alle Müdigkeit der Welt war verflogen, alle Sorgen hinweg gefegt, alle Kümmernisse beiseite gewischt, alles Bedrückende und Beengende in weite Ferne gekickt. Die pochenden Rhythmen des Tangomeisters gaben die Bahnen vor, entlang derer wir tanzten, schleiften, fegten, glitten und flogen. Die Pausen kosteten wir aus, verharrten in spannungsvoller Stille, sprungbereit, lebendig, katzenhaft verhalten, bis wir die Krallen wieder ausfuhren und kinderfröhlich die nächste Eskapade wagten. Es war, als strömte vom Boden eine unendliche, freundliche und behütende Energie in uns, und so hätten wir wohl bis in den Morgen durchtanzen können.

Doch Ariane redete was von Unterzuckerung, und so brach ich die Tanzfolge ab (so lange haben wir noch nie durchgetanzt!) und gab ihr ein Stück Schokolade. Und als der letzte Tango angekündigt wurde, saß Ariane immer noch da, ganz allein, in einen Schal gehüllt und in sich versunken. **Den letzten Tango? Ich kann**

nicht mehr! Die Situation kannte ich: Eine Dame sagt, unmöglich, und dann tanzt sie mit dem nächsten, der sie einfach nimmt und nicht lange fackelt. Wieso können das nur die anderen und ich nicht? Ich kann's auch. Also nahm ich einfach ihre beiden Hände und zog sie ebenso sanft wie bestimmt an mich. **Jetzt hab ich Alfred versetzt, dem habe ich gerade abgesagt.** *Der hat mich auch schon versetzt*, sagte ich. *Außerdem tanze ich ganz sanft mit dir.* **Wozu?** entgegnete sie. **Wenn schon, dann richtig!** Und so ließen wir zum letzten Mal die Energien fließen. Die Köpfe glühten im Rhythmus der verwobenen Klänge, die Beine malten Figuren im Staub der Erinnerung, die Körper zogen Bahnen durchs Meer der Träume, die Herzen züngelten Flammen im Ozean der unerfüllbaren Wünsche - mit einem Wort: Wir tanzten Tango!

Tratschtango

Weil Tangueras und Tangueros eine eingeschworene Gemeinde bilden, weiß auch jeder was über die anderen. Nicht jeder weiß alles, aber man/frau kann sich den Rest ja denken oder aus Informationsflicken zusammenbasteln. Man muss nur während des Tanzens ein bisschen plaudern.

Eine überaus reiche Quelle für Informationen beziehungsmäßiger Art ist Erika. Darum tanze ich so gern mit ihr.

So saß ich da und betrachtete fröhlich die meist unglücklich verschlungenen Paare. Ein Pugliese mit vielen Pausen ist genau das Richtige für den Austausch wichtiger Informationen. Erika war frei, ein Blick genügte, wir gingen in Startpositionen. Den Rest besorgten unsere Kleinhirnregionen, Abteilung "Tango".

Weißt du übrigens, dass Raimund nicht mehr mit Veronika tanzt?

Ich dachte, die sind ein Paar.

Waren sie. Aber inzwischen kam Alexandra dazwischen. Jetzt tanzt der Raimund nur noch mit Alexandra.

Wer ist das?

Na, die Blonde mit der aufdringlichen Bluse.

Und was macht Veronika?

Die geht nur noch dorthin tanzen, wo sie sicher ist, dass Raimund nicht auftaucht.

Und woher weiß sie das?

Sie weiß es nicht, drum kommt sie auch so selten.

Die Musik wurde ganz leise, wir schwiegen, weil wir ja wussten, wann und wie es weiter ging.

Vor kurzem hab ich wieder mal Maria gesehen. Die ist ja aus dem Leim gegangen.

Kein Wunder, sie muss ja die ganze Zeit Kinder hüten, während der Herr Gemahl lustig auf jeder Milonga zu sehen ist.

Aber es war doch eine Tango-Hochzeit.

Klar, sie hat geheiratet, er tanzt Tango.

Pugliese setzte zum ersten dramatischen Höhepunkt an. Zeit für ausgreifende Schritte und dazu passende Enthüllungen.

Siehst du die Dünne mit dem schamlosen Kleid? Die sich so innig an ihren Jüngling schmiegt?

Ja, die ist verheiratet mit dem Langen mit dem Pferdeschwanz.

Aber der tanzt nur noch mit der kleinen Chinesin.

Die geht ihm nur bis zum Bauch, die passen überhaupt nicht zusammen.

Dafür ist der Jüngling von ihr zehn Jahre jünger als sie.

Jaja, manche haben's eben nötig. Was ist eigentlich aus Claudia und Helmut geworden?

Die sind zum Salsa gegangen und sie ist dort für einen Latino entflammt. Daraufhin zog er nach Tübingen und hat dort eine Sozialarbeiterin kennen gelernt, die Annette ...

Die Kleine mit dem unsymmetrischen Kleid und Schuhen mit Goldabsätzen?

Ja, und er ist inzwischen wieder solo und hat den Tango aufgegeben. Dafür ist sie -

Pugliese steuerte unaufhaltsam auf das furiose Finale zu. Die Musik wurde so laut, dass wir uns nicht mehr unterhalten konnten. Endlich war Stille.

Was macht eigentlich dein Alfred? Den hab ich schon lange nicht gesehen.

Er ist nicht mehr mein Alfred. Der hat sich eine von seinen Verehrerinnen geangelt und mich im Regen stehen lassen.

Oh, das tut mir Leid.

Tat mir nicht wirklich, ich fand ihn immer ziemlich affig und wusste nie, wieso Erika ihn so anhimmelte. Aber es ist ja ihr Liebhaber. Ist er nicht mehr, war er mal. Jaja, die Schadenfreude.

Und was macht eigentlich deine Christa? Du warst doch die ganze Zeit mit ihr zusammen und hast alle Kurse mit ihr gemacht.

Ach die ... die ist zu ihrem früheren Liebhaber zurückgekehrt, obwohl sie über den nur geschimpft hat.

Oh, das tut mir Leid.

So klang es aber nicht. Manche Leute sind wirklich falsch, mischen sich in die Privatangelegenheiten anderer und freuen sich sogar über deren Unglück. Wir trennten uns. Missmutig saß ich da und beobachtete die meist glücklich verschlungenen Tangopaare.

Irgendwie war der Abend gelaufen. Manche Leute können einem aber auch die Stimmung verderben!

Wassertango

Venedig ist immer eine Reise wert, vor allem in Bezug auf Tango. Wer allerdings gewisse Bedürfnisse spürt, muss viel Hirnschmalz aufwenden, sie dort zu befriedigen.

Es regnete fürchterlich, als wir uns aufmachten zu einem Abend-Tango in einem aufgelassenen Theater auf Guidecca, zwischen den Kulissen, während es draußen in Strömen schüttete und Venedig wiederum einige Zentimeter mehr im Meer der Düsternis versank.

Es war eine wunderbare Atmosfäre, voll Dekadenz und versunkener Trauer - Tango eben. Doch auch wenn die meiste überschüssige Körper-Flüssigkeit beim Tanzen sich in feuchten Dunst auflöst, gelegentlich ist die Abfuhr einer größeren Menge erforderlich. In Venedig, wie jeder Besucher dieses Menschheitsdenkmals weiß, ein kleines Problem. So fragte ich unseren Gastgeber, wo ich denn in dieser Lagunenstadt zum allgemeinen Wasserstand beitragen könnte. Er erklärte mir das so:

Im Haus gibt's nichts, da musst du schon raus. Erst gehst du die Treppe runter und hinaus in den Regen. Nach hundert Metern, kurz bevor der Weg im Meer endet, biegst du links ab und gehst über einen kleinen Müllplatz. Vorsicht, nicht in die Fuchsfallen treten! Dann siehst du ein kleines, verfallenes Haus, von einer Mauer umgeben. Tür gibt's keine, du kletterst einfach drüber, aber Vorsicht, oben liegen Glasscherben. Dann musst du einen Eingang finden, ist aber keiner da. Also schlägst du ein Fenster ein und tastest dich die Wendeltreppe nach oben. Die fünfte Stufe fehlt allerdings, also pass auf; es könnte auch die sechste sein. Da, wo das Klo steht, ist der Boden schadhaft und irgendwo klafft ein Loch. Tritt im Finstern nicht hinein, denn mit

deinen Schuhen kommst du nicht mehr raus. Und noch was: Stör die Fledermäuse nicht, die überall rum hängen - sie stehen unter Naturschutz!

Ich stieg vorsichtig die steile Wendeltreppe hinunter, stürzte mich mutig in die undurchdringliche Nässe, orientierte mich irgendwie an den schemenhaften Laternenlichtern und tastete mich unsicher durch den Regen. In der feuchten Finsternis verlor ich sofort 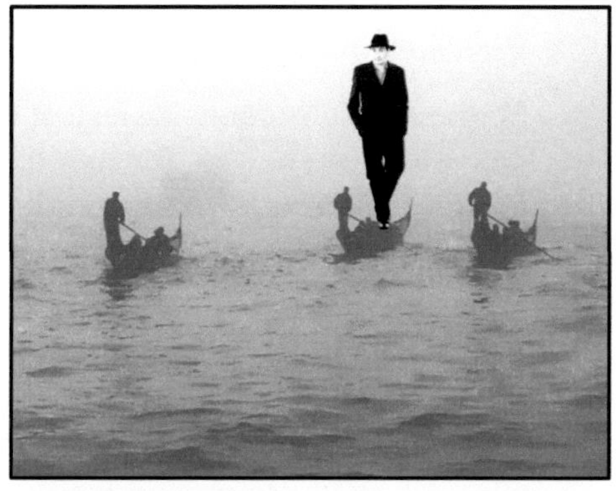 die Orientierung. Wo hörten die Regenpfützen auf, wo fing die Lagune an? Nach einer halben Stunde zielstrebigen Umherlaufens im Kreis und dem geschickten Vermeiden des Absaufens in einem düsteren Kanal begegnete ich glücklicherweise einem älteren Herrn mit scharfer Nase und Pickelgesicht. Er war wie im Karneval gekleidet, was mich nicht sonderlich überraschte, denn in Venedig ist sowieso immer Karneval. Ich sprach ihn höflich an.

Entschuldigen Sie, können Sie mir sagen, wo ich - ich meine, es gibt ja schon genug Wasser hier ...

Mein Freund, das ist kein Problem: Sie gehen diesen Weg, und kurz bevor der Weg im Meer endet, biegen Sie links ab und gehen über einen kleinen Müllplatz. Vorsicht, nicht in die Fuchsfallen treten! Danach -

Wieso können Sie so gut deutsch?

Oh entschuldigen Sie, ich vergaß mich vorzustellen.

Er zog seinen Hut und verbeugte sich galant.

Mein Name ist Bracolini, Antonio Bracolini. Ich habe eine Zeit lang die Bibliothek eines komischen Grafen geordnet, irgendwo in Böhmen.

Tanzen Sie auch Tango?

Was ist das?

Ein ebenso erotischer wie sinnlicher Tanz, eine äußerst innige Beziehung für drei Minuten.

Meine Beziehungen dauerten meist ein bisschen länger, aber das wäre auch was für mich. Ja, die Erotik, das war mein Leben ... Aber, mein Freund, für die modernen Freuden bin ich zu alt. Ich wünsche Ihnen viel Erfolg bei Ihren Tambo-Beziehungen.

Danke sagte ich etwas benommen und fand in Kürze den Weg zurück zum Tanzhaus. Ich folgte einfach der Musik, die ist der beste Wegweiser ins Paradies. Und schon war ich im tangotobenden Raum und wollte mich gleich ins Gewühle stürzen, als ich mich an den Grund meines nassen Ausflugs erinnerte. Ich fragte den Türsteher nach einem entsprechenden Ort.

Eine Treppe tiefer, zweite Tür links neben dem Schild "Bitte nicht betreten".

Na also, warum nicht gleich.

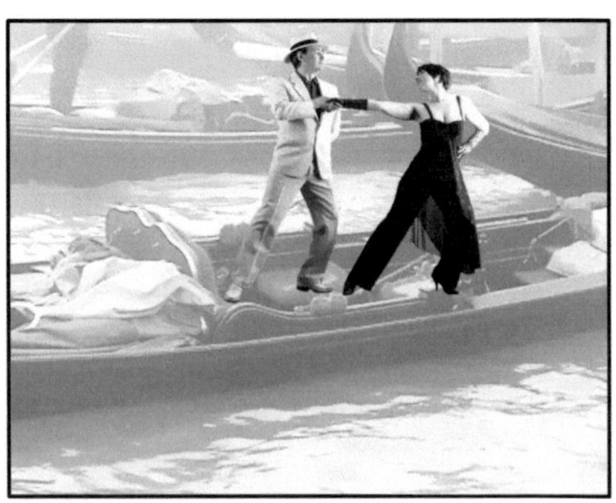

Die Verwandlung

Eine moralische Erzählung

zur Erbauung der Jugend

und zur Abschreckung

für tugendhafte Männer und

Frauen

frei nach Franz Kafka

Als Gregor Samsa eines Morgens aus unruhigen Träumen erwachte, fand er sich in seinem Bett zu einem ungeheueren Ungeheuer verwandelt: Er war von einem freundlichen Beamten im mittleren Postdienst zu einem grässlichen Tangotänzer mutiert.

Gregor lag auf dem Rücken und befühlte seine Haare: Sie waren gelig-glatt, mit billigem Öl durchtränkt und glänzend wie der Rücken eines schwarzen Käfers. Er befühlte sein Gesicht: ein geckenhafter Schnurrbart sträubte sich widerborstig nach oben, als wolle er in beiden Richtungen seine Männlichkeit versprühen. Voll Schrecken glitten Gregors Hände über seine Brust: Anstelle der glatten, sanften, unschuldigen, üblicherweise dort vorhandenen

Haut waren überall schwarze Haare zu erfühlen, wie bei einem Gorilla. Oder wie bei einem Macho.

Doch auch seinen Unterleib hatte die schreckliche Verwandlung nicht unberührt gelassen. Seine Schenkel waren stramm und kräftig, so, als ob sie auch die Last einer Dame tragen könnten, die auf ihnen Platz nahm - auch mit großer Geschwindigkeit.

Und seine Füße, normalerweise in weiträumigen Puschelpantoffeln gesundheits-verwahrt, staken in spitz zulaufenden, glänzend gewichsten schwarzweißen Schuhen mit für Männerschuhe erstaunlich hohen Absätzen.

"Was ist mit mir geschehen?" dachte er. Es war kein Traum. Sein Zimmer, ein richtiges, nur etwas zu kleines Beamtenzimmer, lag ruhig zwischen den vier wohlbekannten Wänden. Über dem Tisch stapelten sich die Akten und dahinter hing das Bild, das vor kurzem seine Gattin von ihm gemacht hatte und das jetzt keinerlei Ähnlichkeit mehr mit ihm besaß.

Im ersten Augenblick dachte Samsa, er wäre einem schrecklichen Fluch aufgesessen und hätte sich auf Grund des Vollmonds letzte Nacht in einen Werwolf verwandelt. Dafür sprach die Behaarung auf Brust und Gesicht, doch seine Fingernägel, die sich eigentlich in reißende Wolfskrallen hätten mitverwandeln müssen, waren gepflegt und keineswegs wölfisch. Außerdem: Mit einem Fell voll Öl wäre kein Wolf weit gekommen.

"Wie wäre es, wenn ich noch ein wenig weiterschliefe und alle Narrheiten vergäße", dachte er, aber das war gänzlich undurchführbar, denn sein öldurchtränktes Haar durchweichte das Kissen mit übelriechender Penetranz. "Ach Gott", dachte er, "was für einen anstrengenden Beruf habe ich gewählt! Tagaus, tagein Akten wälzen, das muss einen ja verrückt machen. Warum lasse ich mich nicht früh pensionieren? Der Teufel soll das alles holen!" Er fühlte ein leichtes Jucken oben auf dem Kopf. Doch als er versuchte, einen in der Schublade gefundenen Kamm durch sein Haar zu ziehen, musste er das Vorhaben aufgeben. Dem Kamm rissen der Reihe nach die Zähne, während seinem Haar kein Haar gekrümmt wurde.

"Wenn ich mich still in mein Bett zurückziehe" dachte Gregor, "wird der Spuk von selbst verschwinden. Vermutlich habe ich etwas Schlechtes geträumt. Kein Wunder, wenn man sich nachts noch 'Arabella' anschaut." Doch sein löbliches Vorhaben wurde jäh durchkreuzt, als seine Gattin, in Lockenwicklern, Aldi-Nachthemd und Birkenstock-Sandalen, mit der ihr üblichen Unbedachtheit zufällig sein Zimmer betrat, um ihn nach den Verbleib der Zahnpasta-Tube zu befragen. Als sie seiner ansichtig wurde, stieß sie einen entsetzten Schrei aus und verließ, vor dem unfassbaren Grauen fliehend, sandalenklappernd die Stätte des Entsetzens.

"Jetzt ist alles zu Ende" dachte Samsa verbittert über das ihm von unbekannter Seite zugedachte Schicksal. "Selbst meine treue Frau hat mich verlassen." Doch ins Bett legen und alles vergessen konnte er nicht mehr, zu sehr hatte er Angst, das Öl seiner Haare würde die - schon seit längerem jungfräuliche - Bettdecke besudeln. Zudem begann der Roibush-Tee zu wirken, und Samsa musste eine Lösung finden. Ihrer beider Wohnung lag im Erdgeschoss, und eine Dachrinne führte unmittelbar neben dem Schlafzimmerfenster in gerader Linie zum Erdboden. Gregor suchte all seinen Mut zusammen, fasste die mit hohlem Klang sich wehrende Regenröhre und glitt, erstaunlich behände, zu Boden.

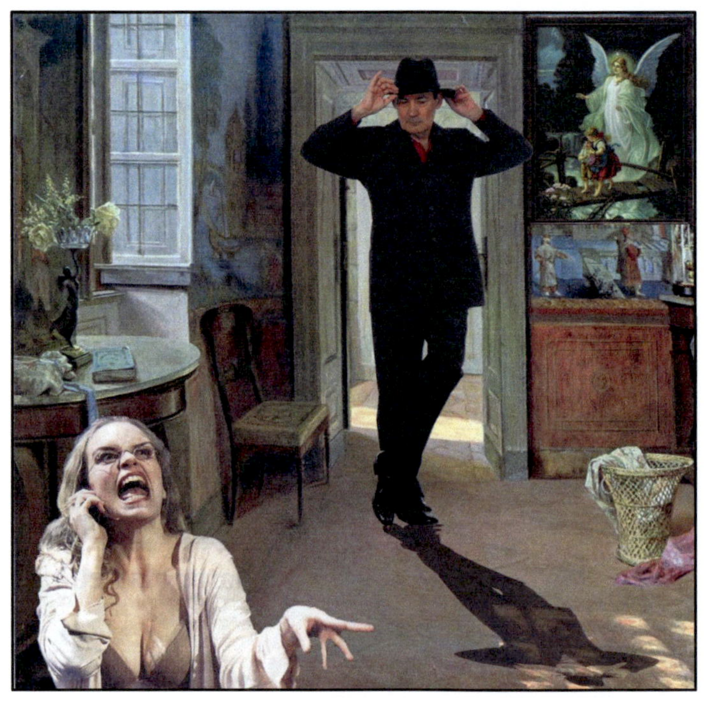

Als sie seiner ansichtig wurde, stieß sie einen entsetzten Schrei aus und verließ sandalenklappernd die Stätte des Entsetzens.

Nun stand er da und wusste nicht wohin. Und weil die Leute ihn so komisch anstarrten, flüchtete er in den Hauseingang und versteckte sich hinter einem Kellervorsprung, wo er den Tag in dumpfen Brüten zubrachte, mit seinem Schicksal hadernd und seine Schutzgeister verfluchend. So wurde es Abend, es wurde Nacht, und Gregor verspürte das dringende Bedürfnis, sich nun zu bewegen und ein wenig frische Luft zu atmen. Vom Strom der Menschen sich treiben lassend, landete er, ohne zu wissen wie und warum, im Hinterhof eines herunter gekommenen Gebäudes. Zwei Fenster im 1. Stock waren dunkelrot beleuchtet, mit huschenden Schatten und obskuren Gestalten, während aus einer Belüftungslücke knapp oberhalb des Fensters höchst ungewöhnliche Musikfetzen an sein Ohr tropften. Unentschlossen, doch fast wie in Hypnose, stieg er die knarrende Treppe hoch und stolperte mehr als dass er die Schwelle überschritt, hinein in ein unheimliches Getümmel.

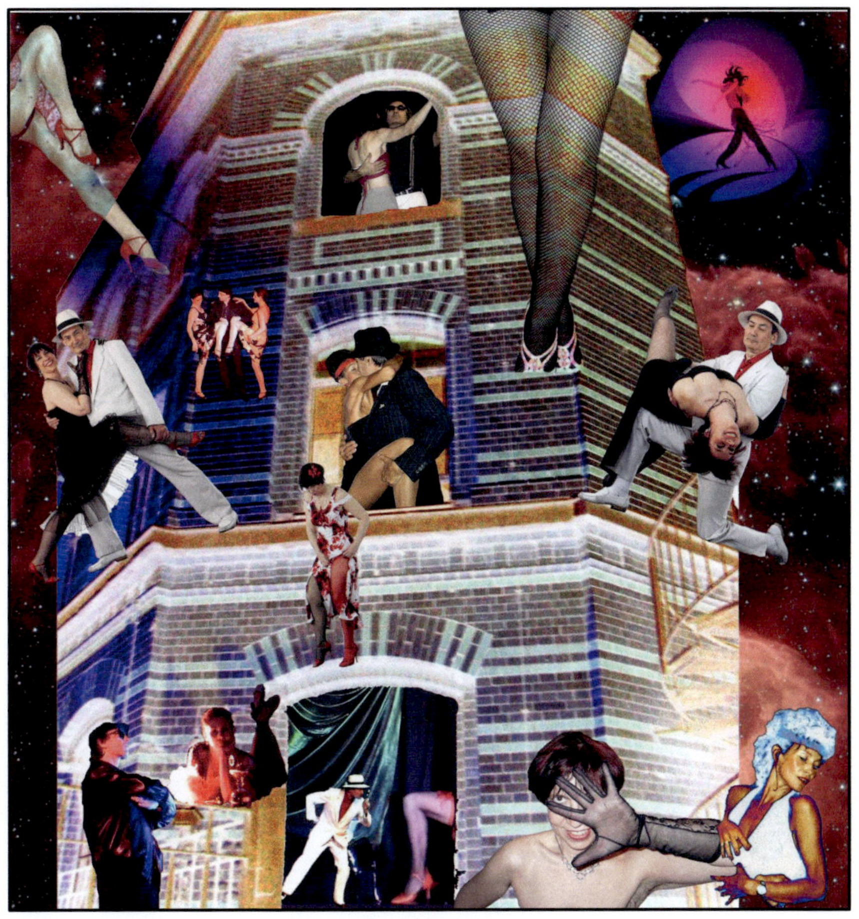

Das Gruselhaus

Grauenhaftes bot sich seinem sanften Gemüthe dar: Eine in sich wogende, mit sich verschlungene Menschenmasse; Individuen, die einander in obszöner Umarmung nicht mehr nur berührten, sondern beinahe schon durchdrangen; Männer, die Frauen in den Armen wiegten, als ob sie diese im nächsten Augenblick auf den Operationstisch legen wollten, oder noch Schlimmeres, was sich Gregors armselige Fantasie weder ausmalen mochte noch konnte.

Entsetzt wollte Gregor sich dem lasterhaften Treiben abwenden, allein, es war zu spät. Denn eine ganze Gruppe von Männern und Frauen versperrte ihm soeben den Weg, ja drängte mit Macht ins ohnedies schon überfüllte Innere, und riss ihn einfach mit. Die Herren waren unterschiedlichst gekleidet, doch einige glichen tatsächlich seinem nach der Verwandlung so grässlichen Äußeren. Die Damen trugen hochhackige Schuhe, auf denen sie trotz der damit verbundenen Unbequemlichkeit zu schweben schienen; dazu lange Kleider, die sich seitlich in einem Schlitz öffneten, der von der Fußspitze bis so weit reichte, dass schamlosen Blicken der Anblick intimer Bereiche des zarten Frauenkörpers nicht erspart blieb, trotz oder gerade wegen der meist aufreizend gemusterten Strümpfe. Oder ihre Kleider endeten knapp unterhalb des Gürtels, welcher im übrigen nicht vorhanden war.

Gregor versuchte, die Augen zu schließen und seine Unschuld zu bewahren. Indes, seine Götter, die er offensichtlich schwer gekränkt haben musste, meinten es anders mit ihm - sie hatten, nach der furchtbaren Verwandlung, auch noch ein nicht minder furchtbares Schicksal für ihn in petto. Sein Leben sollte fürderhin einen Weg einschlagen, den ihm nicht einmal sein Vater gewünscht hätte, obwohl ihm dieser oft vorausgesagt hatte, er würde dereinst in der Hölle landen. Genau dort war Gregor nun, wenn man die Sache ernsthaft betrachtete (und nur eine solche Betrachtungsweise war einem Beamten im mittleren Postdienst angemessen). Die Beleuchtung war dunkelrot, wie auf mittelalterlichen Höllenbildern dargestellt; die Luft heiß und stickig, wie von Teufeln angefacht; die Menschen bleich und mit leblosen Augen, wie in einer anderen Welt gefangen; und die Versuchungen des Heiligen Antonius wälzten sich hier leibhaftig und ohne Möglichkeit, ihnen auszuweichen, durch den vollen Saal. Trotz heftiger Gegenwehr wurde Gregor in das Geschehen hineingezogen, und auch seine aufrichtige und beamtenrechtlich abgesicherte Versicherung, er wüsste gar nicht, worum es gehe, half ihm nichts. "So also ist es in der Hölle" dachte er, "und ich habe es nicht anders verdient."

Wir wollen Gregors weiteres Martyrium dem geneigten Leser aus Gründen der Pietät nicht näher darlegen und sein Schicksal lieber in dürren Worten zusammenfassen. Seine Gattin ließ sich, wie nicht anders zu erwarten, von ihm wegen seelischer Grausamkeit und Beleidigung des guten Geschmacks scheiden und nahm bei dieser Gelegenheit auch sämtliche Filzpantoffeln mit. Gregor hatte nichts mehr, wofür zu leben sich lohnte, und so konnte er gleich in der Hölle verbleiben, in die ihn seine zürnenden Götter aus unerforschlichen Gründen so grausam und plötzlich gestoßen hatten. Und weil der Mensch sich auch an den größten Schrecken gewöhnt, ertrug er auch das, was ihm das Tangoleben an menschlichen Bürden auferlegte. Und das war wahrhaftig, was eines Menschen Leidensfähigkeit voll und ganz ausfüllen konnte:

- Er hörte den ganzen Abend, die halbe Nacht und, weil er sich so sehr daran gewöhnte, auch noch tagsüber Musik voll Harmonie und Rhythmus, voll romantischer Texte und fröhlicher Takte.

- Er umarmte in inniger Vertrautheit Frauen, deren sanfte Düfte seine Seele umhüllten und deren weiche Körper er sonst nicht einmal von der Ferne zu bewundern gewagt hatte, während er hier ihre sinnlichen Energien aufnahm und sich mit ihnen in den Wogen der Musik verband.

- Und manchmal, in den Stunden zwischen Mitternacht und Morgen, war sein Herz so voll und sein Hirn so leer, dass er sogar vermeinte, gar nicht in der Hölle zu sein sondern im Himmel. Sowas kann der Tango mit einem Menschen anstellen!

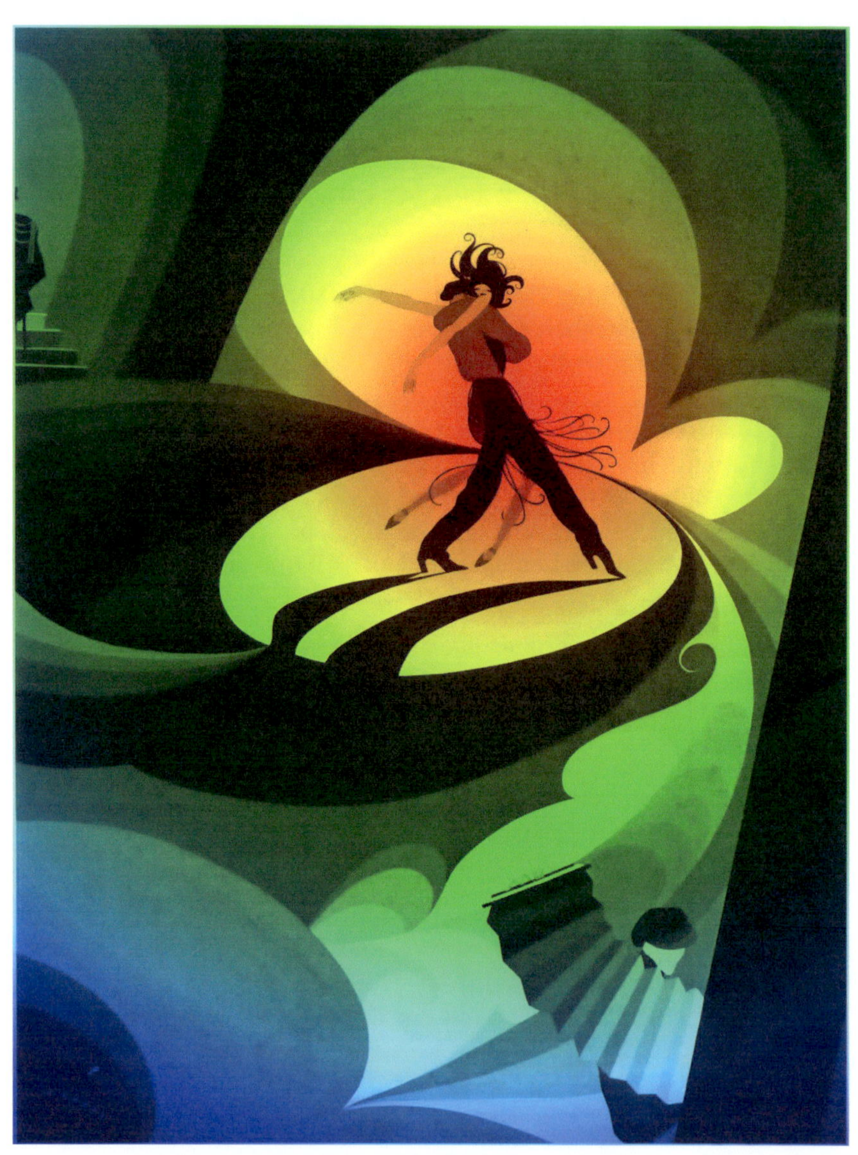

Die Stunden zwischen Mitternacht und Morgen

150

Katzentango

Ich sehe mir gerne Tierfilme an; man kann daraus so viel fürs wahre Leben lernen. Und über den Tango ...

Am meisten beeindruckt hat mich ein Film über die ganz gewöhnliche Hauskatze, *felis domestica*, besonders deren Balzverhalten. Vielmehr das Verhalten des Katers.

Es ist nämlich nicht so, dass nur die Starken und Rücksichtslosen gewinnen und sich die Weibchen holen. Zumindest bei der Hauskatze kommt der Kater mit der meisten Erfahrung zum Zug - meist ein älteres Semester. Die Jungen gucken erst zu und dann in die Röhre, wenn sich die rollige Katze gurrend am Boden wälzt. Wehe dem, der nun zu früh kommt; er wird mit einer kräftigen Ohrfeige vertrieben, verbunden mit einem eindeutigen Fauchen: Du bist noch nicht dran. Und wer zu spät kommt, den bestraft bekanntlich das Leben. Also kommt es auch hier auf den richtigen Zeitpunkt an; ist der geschickt und korrekt gewählt, gelingt alles. Zumindest das, worauf es ankommt.

So wie der alte, agile Kater, so fühlte ich mich an jenem lauen August-Abend unter dem milden Sternenzelt tief nachts im sonnigen Süden. Das Objekt meiner legitimen Tango-Begierden - nennen wir sie Carola - war eine bezaubernde, ebenso hübsche wie charmante und dazu noch exzellente Tango-Tänzerin, eine jener Licht-Gestalten, wie sie üblicherweise nur dem ranghöchsten Alpha-Männchen und seinem Gefolge zusteht. Doch an dem Abend war ich irgendwie fest entschlossen, und so lauerte ich die ganze Zeit, getreu meinem Vorbild, dem rotgestromten Kater aus der BBC-Dokumentation. Und weil ich mich schon ganz gut eingetanzt hatte, wurde ich immer besser gelaunt und verließ mich auf meine Fähigkeiten: ausdrucksvoll zu tanzen. Die Technik, die Giros und Boleos, Paradas und Saccadas, das können alle anderen besser. Aber ein Musikstück samt zugehörigem Tanz adäquat und gemeinsam gestalten, das kann ich. Zumindest bilde ich mir das ein, und dann funktioniert's auch.

Aber wo war sie? Ach dort, genau gegenüber. Also schlenderte ich, absolut unauffällig, scheinbar ziellos und vollkommene Gleichgültigkeit heuchelnd, etwa in die Richtung jenes Ortes, wo sie sich angeregt mit jemanden unterhielt. Die Unterhaltung hielt nicht lange, und schon wieder schwang sie sich kokett und elegant zu zweit übers Parkett. Sie war sozusagen entwischt. Ich blieb sitzen, strategisch geschickt im Dunkeln verborgen und an die Wand gelehnt, und das Glück war mir hold: Sie setzte sich nach vielen, vielen Tänzen versehentlich vor mich (ohne mich zu sehen). Und wieder unterhielt sie sich angeregt mit einem ihrer Verehrer, während sich mir die Nackenhaare sträubten und die Sprungmuskeln spannten.

Nach stundenlangen Gesprächen (naja, so kam's mir in dieser Situation vor) spielten sie plötzlich einen *Tango nuevo*, etwas, das bei fast allen TänzerInnen einen Horror auslöst, weil in einem solchen Stück weder Rhythmus noch Melodie noch sonst etwas vorhanden ist, woran der Tangotänzer sich emporranken kann. Doch in einem Tango von beispielsweise *Astor Piazzolla* liegt viel Ausdruck, und den zu tanzen - siehe oben. Jetzt tat ich etwas, was mir moralisch in höchstem Maße widerstrebt, obwohl es in Deutschland ebenso üblich ist wie in Buenos Aires verpönt: Ich unterbrach das Gespräch. Mehr noch: Ich unterbrach die Paar-Beziehung und möglicherweise deren strahlende Zukunft.

Tanzt du einen Tango nuevo mit mir?

Die Dame war über die Attacke aus dem Hintergrund so verblüfft, dass sie vergaß, nein zu sagen, und schon standen wir auf dem Boden, der die Welt bedeutet - für drei Minuten.

Und so entfaltete ich mich spät nach Mitternacht zu dem - für mich - letzten Tango des Abends. Ich tanzte weich und verträumt, und dann wieder kräftig und männlich. Ich war konzentriert und in mich gewandt, und dann wieder witzig und ausgelassen. Ich führte energisch und kompromisslos, und dann wieder verspielt und ohne

Ziel. Ich war verschmolzen und selbstbewusst, und meine Tänzerin machte mit, aufmerksam und hingegeben. Wir beide gaben allmählich unsere Persönlichkeiten auf zugunsten einer gemeinsamen neuen Gestalt, eines Tanz-Paares, das die Musik zu zweit und gleichberechtigt in Bewegung umsetzt, in Figuren fasst, in eine Andacht verwandelt. Ich fühlte mich wie mein Vorbild, wie mein Landsmann Frederick Austerlitz, der als *Fred Astaire* zum berühmtesten Tänzer des amerikanischen Musicals wurde. Zumindest dachte ich, dass dies die Essenz seines Tanzens ausmacht: selbstbewusst und doch rücksichtsvoll, elegant und doch fest, schwungvoll und doch kräftig, melodiös und doch voll unerwarteter Wendungen, in seiner Mitte ruhend und doch voll mit der Partnerin verbunden.

Am Ende unserer gemeinsamen Zelebration sagte Carola dann, leicht verblüfft: Das war so schön gefühlvoll. Wie gesagt, der richtige Zeitpunkt ...

Mäusetango

In den Wahrsagekarten der Madame Lenormand gibt es eine Karte, wo Mäuse einen dicken Getreidesack anknabbern. Sie stehen für Zermürbung, Auflösung, langsame Zersetzung ...

Eigentlich bin ich gut drauf an diesem Abend im Casino. Die Menge wogt, viele bekannte und unbekannte Gesichter schweben übers Parkett oder warten auf den geeigneten Partner. Das müsste also ein schöner Abend werden.

Eine Weile sehe ich zu, dann entdecke ich drei einsame Damen. Neben einer ist noch ein Stuhl frei, also setzte ich mich neben sie und fange ein höfliches, unverbindliches Gespräch über die roten Plüsch-Sessel und das allgemeine Ambiente an. Aber ich bin nicht zum Plaudern gekommen, und so stelle ich bald die unvermeidliche Frage:

Tanzt du einen Tango mit mir?

Nein, ich tanze nur mit meinem Partner.

Und wo ist der?

Der kommt noch.

Wann?

So gegen Mitternacht.

Und bis dahin bleibst du hier sitzen?

(Es ist 21 Uhr!) Sie bleibt, und ich verlasse fluchtartig den Ort meiner ersten Enttäuschung an diesem sonst so schönen Abend.

Aber ich bin ja gut drauf. Auf dem Weg an der Wand entlang sehe ich eine flüchtige Bekannte. Ohne lange zu zögern lächle ich ihr zu und stelle die obligate Frage:

Tanzt du einen Tango mit mir?

Sie zögert und sagt dann, ihr Partner wäre gerade unterwegs, ein Bier zu holen.

Bis der kommt, könnten wir beide ja - ?

Können wir aber nicht, denn da kommt er, das Bier balanzierend (für Tangotänzer ein eher untypisches Getränk; für Tangotänzerinnen erst recht. Aber das geht mich nichts an.) Also wieder nichts.

Ich kann ja inzwischen woanders hingehen, aber ich muss nicht, wenn Sie verstehen, was ich meine. Also weiter suchen. Schließlich war ich ja gut drauf. Sagte ich "war"? Quatsch, ich bin gut drauf. Also auf zur nächsten Anfrage!

Tanzt du einen Tango mit mir?

Die Dame sieht mich verwirrt und beleidigt zugleich an.

Ich kann nicht Tango tanzen.

Gar nicht?

Nur ein paar Schritte.

Das macht doch nichts, dann tanzen wir eben die.

Sie sieht mich zögernd an und sagt dann:

Nein, ich trau mich nicht.

Mein Drängen hilft nichts, also lasse ich ab. Drei Sekunden später liegt sie in den Armen eines Unbekannten, und ich stehe irgendwie blöde und verloren da. Aber eigentlich war ich gut drauf, und jetzt ist es definitiv ein "war".

Eine andere flüchtige Bekannte wendet sich auf meine Frage hin demonstrativ ab. Bin ich vielleicht zu direkt? Also gut, machen wir's auf die indirekte Art. Auch die Dame kenne ich, und ich weiß, dass sie auf einem Seminar bei Lehrern war, die ich auch kenne.

Wie war's denn so bei den beiden?

Mir ist kalt; ich habe heute noch nicht getanzt.

Jetzt nichts überstürzen! Also plaudere ich weiter, bis sie mitten im Satz (in meinem Satz) aufspringt und laut "**Stefan!**" ruft. Dann fügt sie noch hinzu: **Endlich ein guter Tänzer**, und weg ist sie mit Stefan, mitten im Tanzgewühl.

Jetzt kann von "gut drauf sein" keine Rede mehr sein. Irgendwie fühle ich mich definitiv unwohl, um nicht zu sagen verbittert. So sitze ich in einem jener roten Plüsch-Sessel, einsam und abweisend, und sehe zu, wie die anderen Männer von den Damen geholt werden, wie sie sich zieren, was die Damen in ihrem Bemühen noch mehr anstachelt, bis sie ihren Traumpartner endlich haben. Wieso geschieht das mir nie? Warum holt mich nie eine Frau? Ach wäre doch da jemand ...

Ich hätte es wissen müssen. Sich etwas wünschen ist sehr gefährlich. Als ich mir das letzte Mal ein wenig mehr Zeit für meine Bücher und meine Familie gewünscht hatte, ist mein Wunsch prompt in Erfüllung gegangen: Ein Auto fuhr mich an und schleuderte mich zu Boden. Fünf Wochen war ich krank geschrieben, und da hatte ich wahrlich genug Zeit für alles, was ich wollte. Nur der eine Wirbelknochen ist seitdem nicht mehr in Ordnung.

Und so geschieht es auch hier: Die Götter erfüllen, boshaft lachend, meinen Wunsch. Siehe da: Eine alte Bekannte taucht auf. Erika stolpert, nicht mehr ganz nüchtern, in meine Arme und sagt, jetzt möchte sie mit mir tanzen. Erika ist unter nüchternen Bedingungen fast nicht zu führen, aber in diesem Zustand ist auch meine geballte Kraft hoffnungslos verloren. Irgendwann gebe ich's auf, und so stolpern wir ohne Rhythmus, ohne Eleganz oder auch nur einen Funken Gemeinsamkeit durch den Saal. Zufällig sind gerade sehr wenige Tanzpaare auf dem Parkett, und so habe ich das Gefühl, alle, die nicht tanzen, sehen uns zu und grinsen hämisch ... Verfluchte Mäuse ...

Lasst Blicke sprechen

Anlässlich eines Amerika-Aufenthalts besuchten wir eine Milonga in Washington. Die Menschen dort - zum Großteil jung bis sehr jung - waren freundlich, zugänglich, offen und gesprächsbereit. Sie tanzten auf hohem Niveau, wechselten viel, gaben keine Körbe und kümmerten sich sogar um Neuankömmlinge. Und so hätte es auch für mich ein schöner Abend werden können, wenn nicht - ja, wenn nicht dortselbst eine Verhaltensweise zwingend vorgeschrieben gewesen wäre, deren Grundlagen und Methoden mir immer noch fremd sind: Auffordern mit *Cabeceo*.

Selbst Monika, in dieser Kunst eine Meisterin, staunte immer wieder, wie schnell das ging, wie rasch sich die Paare fanden, wie oft man/frau am Ende dasitzt oder steht und sich wundert, wo all die potenziellen Partner hin verschwunden sind. Wie auch immer, die anderen waren immer ziemlich schnell gepaart und auf der Tanzfläche verkoppelt. Ich hätte doch ein Seminar bei Theresa F. absolvieren sollen! Aber was nicht ist, muss eben noch werden.

Kann doch nicht so schwierig sein. Zum Beispiel meine Nachbarin. Ich könnte sie ja einfach fragen: Gnädige Frau ... halt in Englisch. Aber das ist ja verboten. Also schaue ich sie von der Seite an, sehr mühsam, schließlich bin ich keine Eule, die den Hals um 180 Grad verdrehen kann. Egal, was sein muss, muss sein. Die Dame denkt anders und starrt gerade aus. Als meine Halsmuskeln zum Zittern anfangen, drehe ich meinen Kopf kurz weg, und in dem Augenblick sieht sie mich an. Verpasste Chance.

Na gut, gegenüber, in der anderen Ecke des Saals, sitzt eine junge Dame, die beim Paarungsspiel aus mir unverständlichen Gründen übrig geblieben ist. Mein Blick geht natürlicherweise, mit ganz entspannten Halsmuskeln, in ihre Richtung. Irgendwann werden sich doch die Blicke kreuzen, irgendwann muss sie ja auch mal in meine Richtung - Sie aber starrt auf die Tanzfläche, folgt offenbar einem Herrn, den sie, wenn er ihre Ecke kreuzt, mit all ihrer Verführungskraft anlächelt, doch der ignoriert sie. Kein Wunder, er tanzt ja. Irgendwann merkt sie das Sinnlose ihres Tuns und wendet den Blick ab - in meine Richtung. Meine Chance! Aber in dem Moment setzt sich ein Herr genau vor sie und unterhält sich angeregt mit seinem Nachbarn. Na gut, ich brauche ja nur meine Sitzposition leicht verändern, dann ist der Blick wieder frei. Also einen halben Meter nach links gerückt - da unterhält sich die Dame intensiv mit einer Bekannten, und als die weg ist, starrt sie in hingebungsvoll ihr Handy. Wieder nichts.

Irgendwann geb ich's auf. Hat ja doch keinen Zweck. Und auch auf die Gefahr hin, wegen Regelverstoßes den Saal zwangsweise verlassen zu müssen (draußen auf der Straße hat es immer noch 35° Celsius, also kein Problem) wende ich mich wieder meiner Nachbarin zu (sie sitzt immer noch an der gleichen Stelle) und frage ganz regelwidrig: *Wollen Sie tanzen?* (Auf Englisch natürlich). Gleich der erste Schreck: Ich habe "mit mir" zu sagen vergessen. Denn natürlich will sie tanzen, aber mit dem Märchenprinzen, wie alle Damen, während ich - "Sure" sagt sie, auf deutsch etwa: "Warum nicht gleich?". Na also, geht doch, auch ohne Spezialseminar.

Oblivion (Vergessen)

Das Glück der letzten Minuten, die Illusion der Mitternachtsstunden, die Träume unter dem roten Schein der blutenden Rosen, die Unruhe der flackernden Kerzen, die verwehten Klänge des Bandoneons, und über allem die bange Frage: ¿Donde estas, corazon? Wo bist du, da ich dich suche, da ich dich spüre mit meinem Körper und mein Herz dennoch leer bleibt?

Du gehst fort, ohne dich umzudrehen, ohne mich zu sehen. In der Kälte der Nacht zerrinnt das Band, das uns im Tanz zusammen hielt. Die Träume verwehen, der Hauch der wahren Welt dringt in mein Herz, die Fäden der Illusionen lösen sich auf ins Nichts der Wirklichkeit.

Ich gehe fort, irgendwohin, vielleicht ins Nichts, vielleicht nach Hause - wo ist der Unterschied? Das Herz hört keine Musik, die Füße haben die Beschwingtheit der rhythmischen Klänge verloren. Denn die sind verweht. Mein Gegenüber, die Illusion meiner dunklen Nächte, hat sich aufgelöst im Dämmerlicht des Morgens. Die Welt ist düster und schwarz, ohne Feuer, voll dunkelroter Melancholie. Ich suche Vergessen. Doch Vergessen, das weiß ich genau, gibt es nur im Tango ...

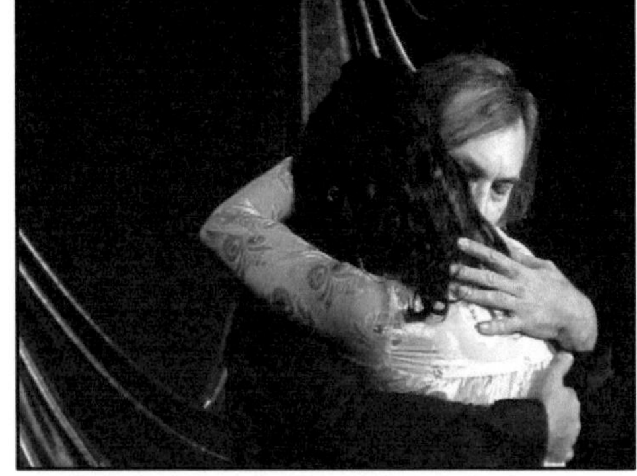

Der Tango-Notfallkoffer

In Ihrem PKW liegt ein Notfallkoffer für die Erstversorgung bei Unfällen. Sowas brauchen Sie natürlich auch im Tango. Wir haben für Sie einen derartigen Koffer entwickelt; für lächerliche € 99,99 + Versandkosten ist er bei uns bestellbar. Dazu kommen noch Mehrwertsteuer, Vergnügungssteuer, Sinnlichkeitssteuer, Solidaritätszuschlag für den Wiederaufbau von Argentinien, Weltkulturerbeabgabe, und noch einige andere kleinere Zusatzkosten. Doch das ist er wert!

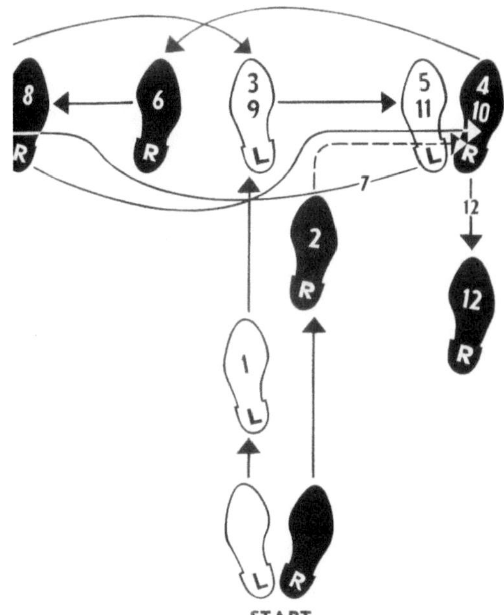

Anleitung zum Glücklichsein (1). Falls Sie den Grundschritt vergessen haben sollten, werfen Sie heimlich einen Blick auf den Tangolehrgang von *Andy Warhol* (links). Diese Anleitung ist absolut wirksam - zu einem Rausschmiss jedenfalls reicht sie immer.

Zuckerspiegel beachten. Tango ist anstrengend. Wenn Sie oder Ihr Partner/Ihre Partnerin an

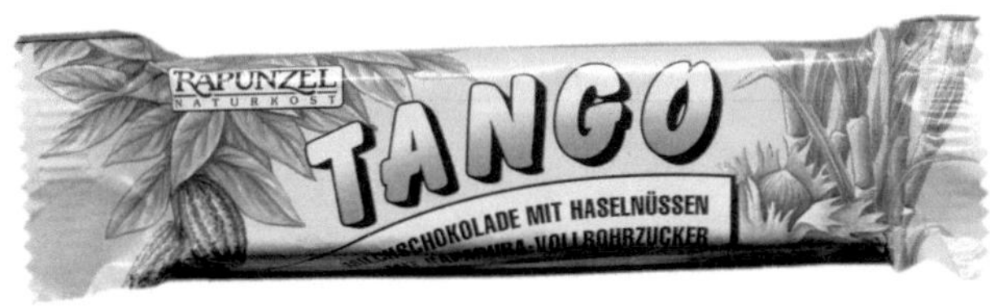

Unterzuckerung leiden, schnell die richtige Zuckermenge zu sich annehmen. Die Wirkung reicht für die nächste halbe Stunde Tango oder Vals; für jede Milonga bitte 2½ Minuten abziehen, für jeden Salsa 4 Minuten, für jede abgewiesene Aufforderung 10 Minuten. Dann brauchen Sie schon ein Stück Sachertorte oder eine kleine Portion Spaghetti. Das hebt den Serotoninspiegel.

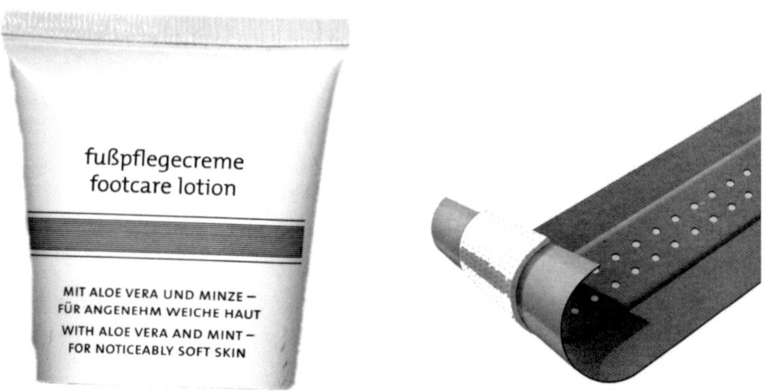

Verletzungen verarzten. Manchmal bilden sich verhornte oder blutige Stellen, gerade dort, wo man's nicht braucht. Oder jemand tritt einem mit voller Wucht und spitzen Absätzen gegen eine empfindsame Unterleibsstelle. Für solche Fälle brauchen Sie eine Fußpflegesalbe und passend zugeschnittenes Heftpflaster. Wenden Sie die beiden medizinisch erforderlichen Gebrauchsgegenstände möglichst unauffällig an, am besten in einer dunklen oder von Tangotänzern unbenutzten Stelle. Sollte die Verletzung intime Stellen betreffen, dann begeben Sie sich möglichst an einen abgeschlossenen und nicht von Kameras überwachten Ort.

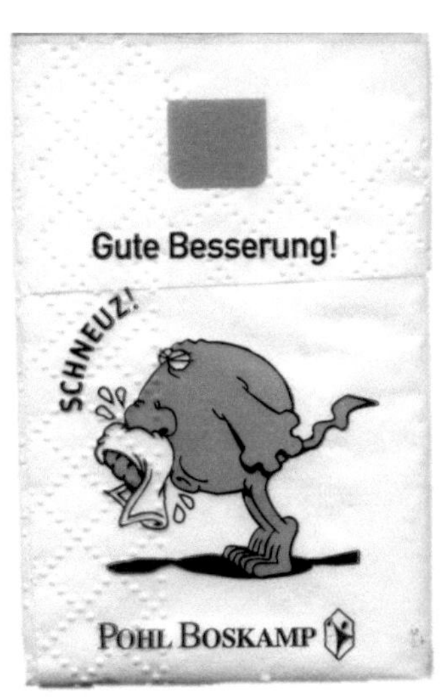

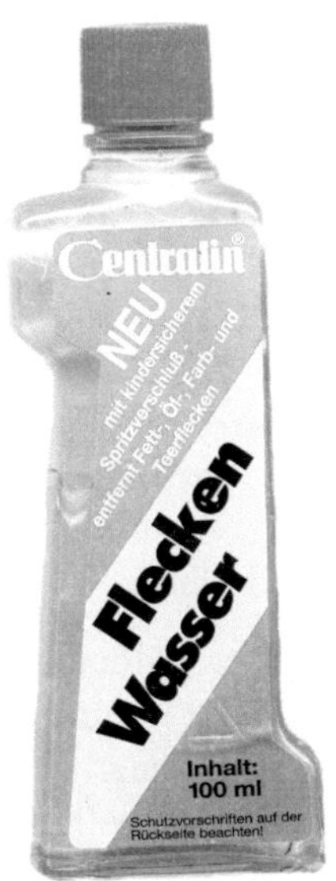

Verunzierungen entfernen. Zum dezenten Entfernen von Schweißtropfen und Lippenstiftresten benötigen Sie Taschentücher. Sie eignen sich auch, um sich unauffällig eine Träne aus dem Auge zu wischen, falls der Traumpartner wieder mal nicht will oder kann. In hartnäckigen Fällen (und um Lippenstiftreste vor dem Partner zu verbergen) hilft ein Fleckentferner, möglichst auf biologischer Basis, denn dann riecht er besser. Vorsicht: Mit Feuerzeug nicht in die Nähe kommen!

Gebrochenes zusammenfügen. Ein Alleskleber hilft bei geknickten Absätzen und

gebrochenen Herzen. Im letzteren Fall aber bitte nur in homöopathischer Verdünnung zu sich nehmen!

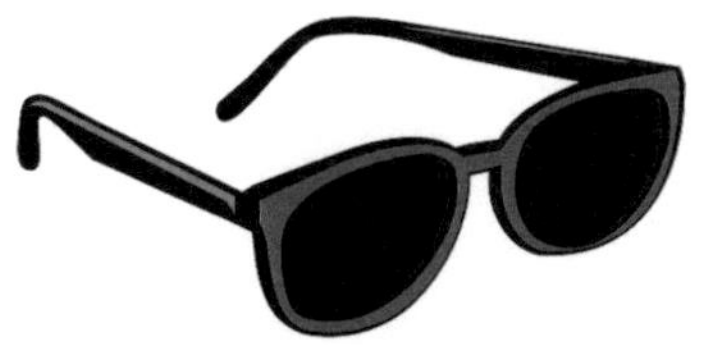

Sich verstecken. "Schau mir in die Augen, Kleines" klingt zwar gut, ist aber gelegentlich abträglich einer einträglichen Beziehung. Wer was zu verbergen hat (und wer hat das nicht!), dem sei eine dunkle Sonnenbrille ans Herz gelegt, vielmehr über die Augen. Sie ist besonders angebracht, wenn der nicht Tango-tanzende Partner unvermutet auftauchen sollte. Allerdings hilft die Tarnung meist wenig, und sie hat den Nachteil einer gewissen Sichtbehinderung. Also vorher üben, am besten am Zentralfriedhof.

Die Welt verstecken. Falls Ihnen das Leben nun zu düster erscheint, brauchen Sie einen seelischen Aufheller. Der hilft im

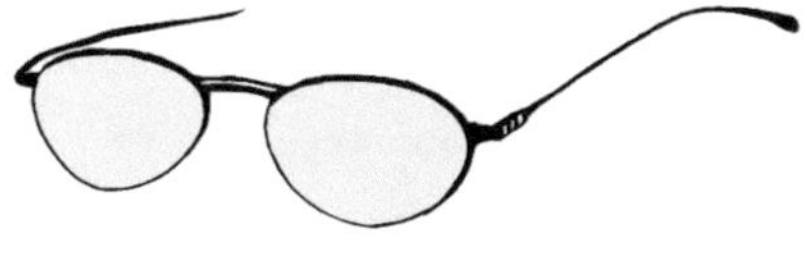

Tango allerdings höchstens über einen Tanz. Dann ist die Welt wieder so, wie sie immer war, also alles andere als rosig.

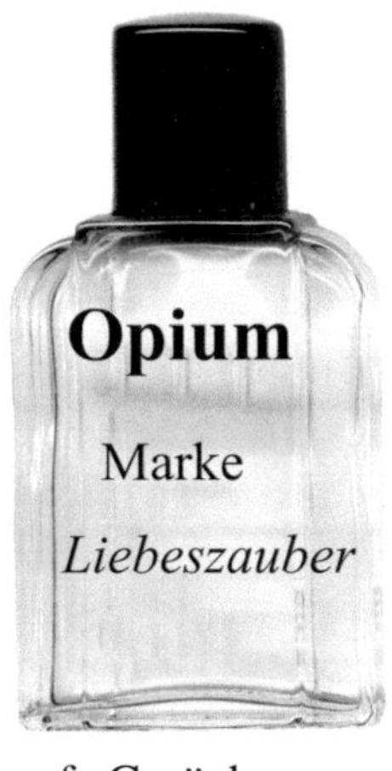

Das umwerfende Parfüm für sie. Das besondere Parfüm, Marke "Liebeszauber", garantiert den augenblicklichen Verfall, also die Abhängigkeit des Tangotänzers von seiner Partnerin. Voraussetzung dafür ist, dass er sie auch riecht, was meist nicht der Fall ist, weil der Geruch nach feuchten Hemden und Schweißfüßen alles übertönt.

Das umwerfende Parfüm für ihn. Frauen reagieren besonders auf Gerüche, vor allem auf schlechte. Die sind bei schwitzenden Männern reichlich vorhanden. Deswegen hier das beste Parfüm für Männer.

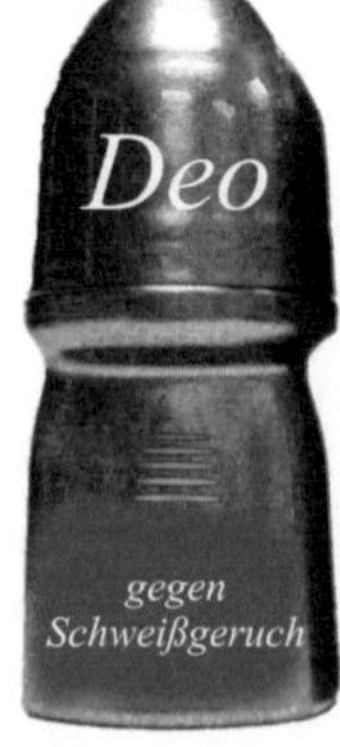

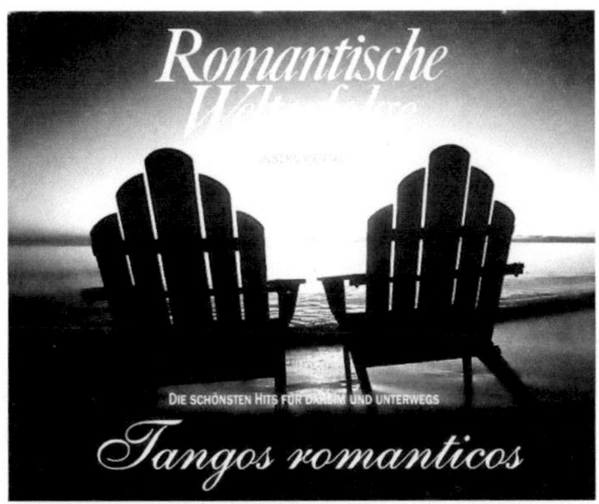

Romantische Musik. Wenn's dann klappt mit der Nach-mitternächtigen Tango-Lesson in der intimen Umgebung des kerzenbeleuchteten Schlafzimmers, dann brauchen Sie auch ein Mittel, den Abend gut vorzubereiten: eine CD für solche Fälle. Dezente Klänge, einschmeichelnd, romantisch, verführerisch. Kurz danach brauchen Sie dann den nächsten Gegenstand (zur Sicherheit in mehrfacher Ausführung):

Schutz vor Ungewolltem. Wie sich's gehört, in den Tangofarben, wahlweise rot (heftige, aber eher kurze Affäre) oder schwarz (dauerhafte Beziehung erwünscht), nach dem Motto: Sag's mit Farben!

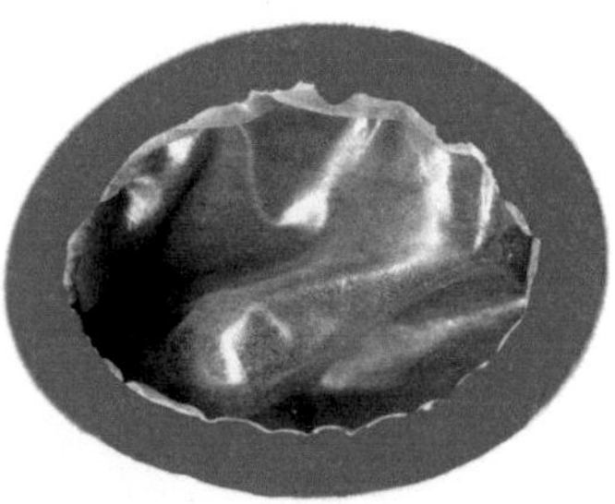

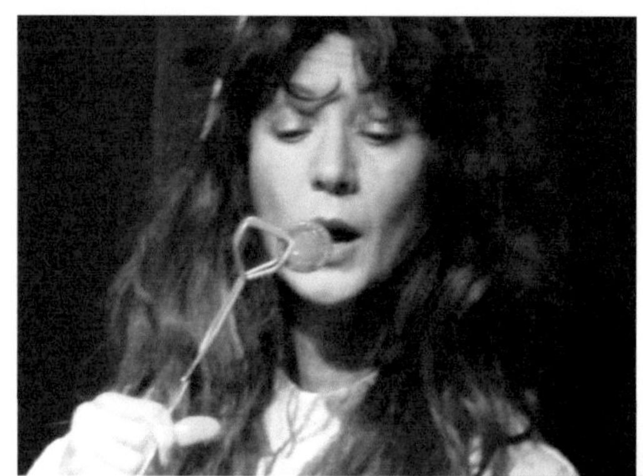

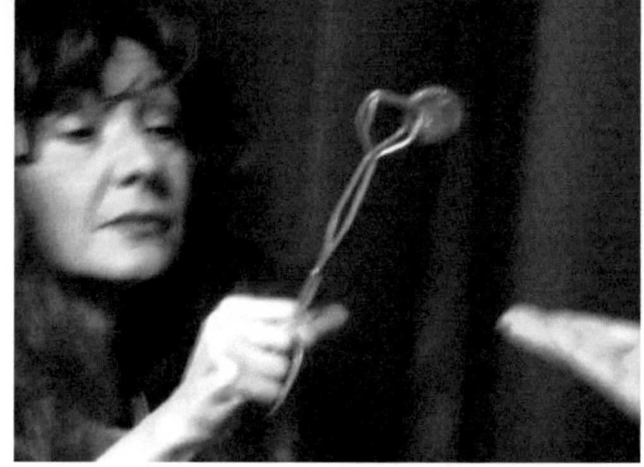

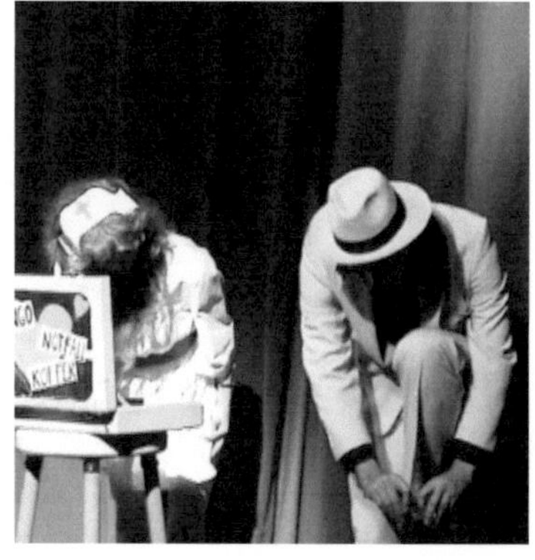

*Renate präsentiert das Unnennbare
(oben). Peter (links) versucht, seine
Applikation zu demonstrieren
(seiner Meinung nach wirkt es
gegen Schweißfüße).*

Anleitung zum Glücklichsein (2). Zur Fortsetzung der Tango-Lesson auf einer anderen Ebene brauchen Sie ein wenig Hilfe, wie beim Grundschritt. Schließlich sollten Sie auch auf diesem Gebiet die für Tangotänzer typische Eleganz und Standfestigkeit beweisen.

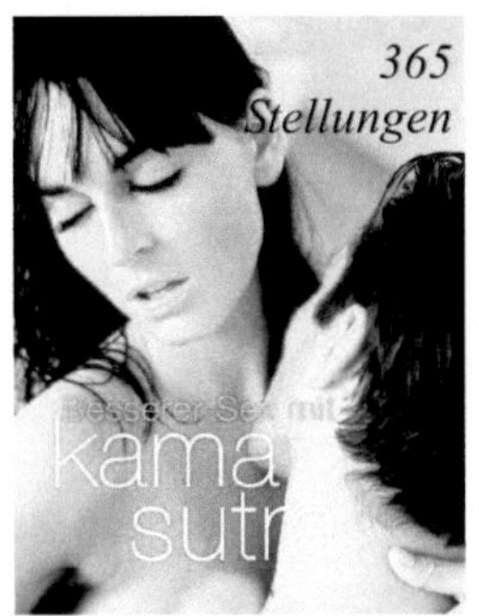

War ich gut?

Zärtlicher Abschied. Hinterlegen Sie dieses Papier im Kühlschrank und verlassen Sie ihre (oder Ihre) Wohnung unauffällig. Wenn sie das Papier entdeckt, wird sie vor Entzücken ganz außer sich sein!

Nützlicher Zusatz. Für den Morgen danach, wenn Sie sich den Kopf zerbrechen, wie es jetzt weiter gehen soll.

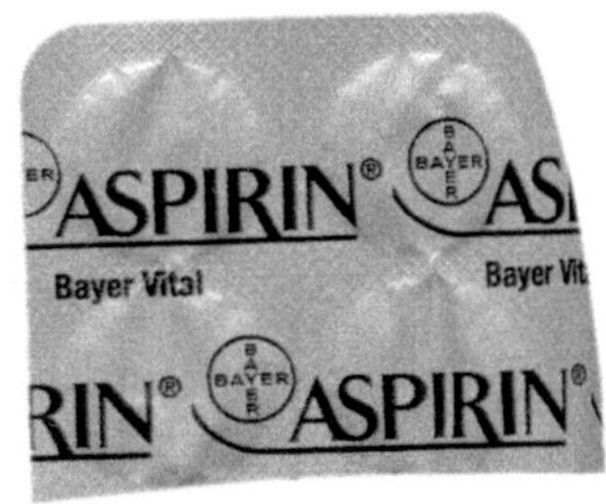

Solche Männer braucht das Land

Der Tango bildet die Wirklichkeit in vereinfachter Form ab. Er ist ein Modell der Realität. Diesmal zeigt die Tangoszene jene Männer und Frauen, welche am Aufbau Deutschlands beteiligt waren und zu seinem Wohlstand beitrugen. Und die anderen, die sich bloß vergnügen. Letzteres wünsche ich auch dem Leser!

Wollte mal wieder so richtig schwofen, und das geht am besten bei Marina. Außerdem war ich mit vier Damen verabredet. Die kamen auch alle - in Begleitung. Glücklicherweise kam eine fünfte Dame, wie üblich völlig unerwartet, aber mit der gab's auch Probleme. Denn diese Dame tanzt gern unten ohne (ohne Schuhe; was haben Sie gedacht ???), und weil man nacktfüßig nicht drehen kann, borgt sie sich Socken von willigen Männer. Immerhin hatte diese Dame diesmal ihre eigenen Socken mit. Aber erst mal saßen, wie üblich um ½10, nur Männer herum und warteten. So plauderte ich mit dem gemütlichen Dicken aus M. Der erklärte mir ausführlich, dass er den Saal in Benediktbeuren, wo Inge einen Tangoball organisiert, nicht kenne, aber irgendwann mal kennenlernen werde. Na, das ist doch schon mal ein Lichtblick. Ja, solche Männer braucht das Land, optimistisch und weitblickend.

Und da kommt auch schon, ganz unerwartet wie immer, Antonia, braungebrannt vom Italienurlaub. Ich frage sie, ob sie meinen überaus ausführlichen Abschiedsbrief erhalten hätte, und sie sagt *ja*. Ich frage sie, wie ihr Italienurlaub an der Adria gewesen wäre, und sie sagt *scheußlich*. Ich will sie fragen, ob sie mit mir tanzen möchte, doch da kommt Karlheinz vorbei und packt sie in seiner stürmischen Art. Ja, solche Männer braucht das Land, unternehmungsfroh und unbekümmert. Aber es gibt ja noch andere

166

Damen - bloß wo? Alle schon gepaart. Sogar Gabi hat sich mit ihrem Rudolf wieder versöhnt und tanzt den ganzen Abend mit ihm. Also auf zu Klaudia, aber die hat die Trennung von ihrem Herbert noch nicht überwunden, und das merkt man beim Tanzen. Herbert hatte noch eine alte Tangoliebe, mit der er auch weiterhin tanzte. Ob nur auf dem Parkett oder auch noch danach, wer weiß das schon so genau. Inzwischen hat Andreas sich eine junge, Schüchterne geangelt, mit der er hingebungsvoll jene Figuren übt, deren Transformation vom Vertikalen ins Horizontale als Kür der Begegnung noch ansteht.

Inzwischen sitzt Antonia wieder. Ich schleiche mich an, was bei der Masse an Tänzern und der Weite des Raums gar nicht so einfach ist. Ich frage sie, wie es ihrer Tochter geht, und sie sagt gut. Ich frage sie, wo sie sonst noch tanzt, und sie sagt nirgends. Ich will sie fragen, ob sie mit mir tanzen möchte, doch da kommt einer ihrer Ex-Liebhaber, und nimmt sie einfach mit. Ex-Liebhaber haben immer Vorrang. Ja, solche Männer braucht das Land, beharrlich und ausdauernd. Aber es gibt ja noch andere Damen - bloß wo?

Andreas ist auf Stufe zwei, der Neigewinkel der Dame mit der Horizontalen strebt gegen Null. Und jetzt taucht eine Tänzerin auf, die hier eigentlich nie da ist, über die ich mich aber immer sehr freue, aus einem Grund, den ich ihr einst sogar gestand. Sie kommt aus Peru, ist klein, mit explosiven Bewegungen. Ihr Kleid ist zu kurz, sodass sie es in der Frühzeit ihrer Karriere immer nach unten zupfte, woraufhin oben zu viel zu sehen war. So zupfte sie es nach oben, woraufhin unten zuviel zu sehen war. So zupfte sie ... aber die Zeiten sind vorbei. Jedenfalls: Sie hat das wohlriechendste Parfum, das mir je zur Nase stieg. Es riecht nach frischen Äpfeln, mit einem Hauch Zitronenduft. Ich ziehe die Begrüßung mit ihr immer hinaus und verharre möglichst lange (und tief) In ihrem Haar, was sie durchaus bemerkte, bis ich ihr eines Tages gestand, was mich an ihr so faszinierte. Da lachte sie nur explosiv.

Ich wühle mich auch jetzt wieder in ihr Haar, während Amir, Folklorefreund aus Uralt-Tagen, strafend zu mir sagt: *Hör auf zum*

Schmusen. Patzig entgegne ich: *Ich schmuse nicht, ich schnüffle nur.* Die wohlriechende Tänzerin ist lustig und tanzt lustig, und wenn was daneben geht, dann lachen wir beide, ich nordisch verhalten, sie südländisch-explosiv. Solche Frauen braucht Deutschland *nicht*, ihr fehlt der Ernst für die Aufbauarbeit. Schmarotzende Ausländer, haben nichts im Kopf als Vergnügen. Ich verabschiede mich nach drei Tänzen (es ging mir ja nicht ums Tanzen, nur ums Parfum), und weil sie so gut riecht, laufe ich ihr hinterher und frage sie, ob ich mich schon verabschiedet habe. Sie lacht, ich erwische noch einen Schuss Apfelduft und rausche verklärt von dannen.

Inzwischen sitzt Antonia wieder. Ich schleiche mich an, aber mit Tanzen wird wieder nichts. Denn ich entdecke ein Tanzhindernis an ihrem Mieder. Irgendwas ist nicht richtig, an ihrem Rücken hängen Stücke der Schnur bis zum Boden, und das kann gefährlich werden. Die Schnüre bilden eine Schleife, und ich schlage vor, diese Schleife über den Kopf auf die Brust zu stülpen, was gut aussieht, ihr aber nicht gefällt. Ich hätte gern noch herumgebastelt, aber das gefällt ihr auch nicht. Also ziehe ich Annette zu Rate, die nebenan sitzt, und die findet sofort eine hübsche Schleifenlösung. Endlich kann ich mit ihr tanzen - denke ich. Doch jetzt kommt Marinas Mitternachtsansprache samt Lüftungspause. Danach ist Antonia schon wieder verschwunden. Beim nächsten Mal engagiert sie der DJ, der hat natürlich Vorrang. Aber nach zwei Tänzen lässt er sie stehen, sie tanzt ihm wohl zu ausschweifend.

Als sie wieder kommt, sagt sie, sie sei jetzt zu müde zum Tanzen. *Und ohne Schuhe?* frage ich. *Das geht*, sagt sie, zieht die Schuhe aus und ihre Socken an. Und schon kommt ein energischer junger Mann daher und fordert sie zum Tanzen auf. *Nur mit Socken* sagt sie. Er starrt eine Weile auf ihre Füße und sagt dann: *Das ist mir zu gefährlich.* Ja, solche Männer braucht das Land, vorsichtig und korrekt. Gut, dass ich zum Aufbau Deutschlands nichts beitragen muss. So komme ich endlich mit ihr zum Tanzen, und gleich gibt's die ersten Probleme. Sie rammt einen Herrn und sagt dann noch: *Das ist der Ex von X.* Aber das ist mir im Augenblick egal, wir winden uns durch Lücken und suchen Halt auf dem Boden. Mit Socken auf glattem Parkett, das ist verdammt rutschig. Andreas hat mit seiner Dame inzwischen die Null-Grad-Grenze überschritten; seine Dame trägt den Kopf tiefer als die Hüfte. Gute Voraussetzungen für Stellung 235 des Kama-Sutra.

Und so vergeht die Zeit, schneller als gedacht. Inzwischen sind die meisten Damen verschwunden, und Andreas auch, samt der Seinen. Der Aufbruch nach einem vollen Tanzabend ist immer sehr nett, die Leute sind offen und reden sogar miteinander. Und prompt spricht mich beim Schuhe-Tauschen im engen und jetzt total überfüllten Vorraum eine junge Dame an. *Du bist doch der Peter?* sagt sie.

Oh Gott, geht das jetzt wieder los! Jetzt sollte ich wissen, wer und wo und wann und so, und dann kriege ich wieder geschimpft, weil ich alles vergessen habe. Jetzt ist Schlagfertigkeit gefragt, irgendeine coole Antwort, etwa nach der Art: "Gehen wir zu dir oder zu mir?" Aber das wäre im Augenblick nicht angemessen. Oder vielleicht "Ich Tarzan, du Jane?" Aber so heißt sie sicher nicht. Ich überlege nur kurz und sage dann, schlagfertig wie immer: *Ja, der bin ich.* Na bitte, ich bin doch jeder Situation geistig gewachsen, sogar um ½ 3 Uhr morgens!

Abstellgleis

Früher ging ich meist allein zum Tanzen, denn ich hatte keine Tangopartnerin. Das bringt viel Lust und auch viel Frust. In den letzten Jahren war ich immer mit Monika zum Tanzen gegangen. Doch diesmal hatte sie keine Zeit. Was ein wieder-Tango-Single so erlebt, ist nicht ganz so, wie er sich's vorstellt!

Ich machte mich, mutig und entschlossen, ganz alleine auf, im "Gleis 1" junge (oder auch nicht mehr ganz so junge) Damen zu beglücken. Wäre Karin nicht gewesen mit ihrer Versicherung, im Gleis 1 trieben sich zahllose junge tanzwillige Mädchen herum, ich hätte es nicht gewagt, allein dorthin zu fahren. Doch so beflügelten mich Visionen Dutzender junger Damen mit langen blonden Haaren bis zum Ende des Minirocks. Naja, nicht Dutzende, drei hätten genügt. Oder eine. Tief verborgen im Schlummerschoß meiner Amygdala bohrte eine milde Furcht, wenn ich alleine wohin gehe, dann gibt es garantiert Männerübeschuss, und ich steh im Regen. Meine Amygdala hatte wie üblich Recht.

Erst mal traf ich Axel an der Bar, ein zähleibiges Käsesandwich bearbeitend. "Wo ist denn Monika?" fragte er. "*Daheim. Und wo sind die Mädels?*" "Die kommen noch." Aber erst mal kam der Tanzlehrer, Chef des Ganzen und Frauenschwarm Henning, schwungvoll und jugendlich wie immer. "Wo ist denn Monika?" fragte er. "Daheim. Und wo sind die Mädels?" "Die kommen noch." Axel verwies auf eine Single-Dame, die eine gute Tänzerin wäre. Solange er kaut, dachte ich, kann ich's ja versuchen. Die Dame, mittelalt und unscheinbar, hatte lange Hosen und kurze Haare. Die Kunst des Tanzens ist sehr relativ, wie schon Einstein erkannte, als er nach den anstrengenden Patentamtsitzungen abends in Bern Tango tanzen ging. Jedenfalls konnte sie keine Boleos, und bei den Vorwärts-Ochos verhedderten sich ihre stets gekrümmten Beine. Ich wies sie drauf hin, dass beim Tango weder deutsche Pünktlichkeit noch deutsche Marsch-Präzision gefragt wären, und sie nahm die Hinweise dankbar an. Spaß machte es trotzdem nicht, jedenfalls nicht mir.

Und dann kamen sie, alles Paare, die ich nicht kannte, die Paare aber einander schon. Nur Wolfgang war, wie üblich, mit zwei Damen erschienen. Sie saßen brav neben ihm und warteten auf seine Initiative. Die kam auch bald; die eine wurde beglückt, ich durfte mit der anderen. "Wo ist denn Monika?" fragte sie. "*Daheim.*" Wenn mich jetzt noch jemand fragt, wo Monika sei, dann schreie ich. Als ob ich alleine nichts gelte. Danach tanze ich mit der anderen. "Wo ist denn Monika?" fragt sie. Ich beiße mir die Zunge ab und murmle was von schönem Wetter und vergangenem Vollmond. Langsam fehlt mir was, das gewisse Etwas, so was Spritziges, Knisterndes. Nicht mal ihr Kleid knistert, weil, sie hat ja Hosen an.

Jetzt brauche ich dringend Erholung. Ich gehe an die Bar und schlürfe eine heiße Schokolade. Die bleibt das einzig Heiße an dem Abend. Als ich zurückkomme, sitzt die Anfängerin mit den krummen Beinen herum. Es ist 21 Uhr, ich tanze noch mal drei Tänze mit ihr (mehr Kampf als Kunst). Währenddessen kommt ein schöner Jüngling mit lockigem Haar und kantigem Gesicht herein, italienisch oder argentinisch, allein, sich aufmerksam umsehend. Ich tanze den Tanz mit der Anfängerin zu Ende und mache mich dann aus dem Staub. Männerüberschuss und ein lockiger Jüngling mit kantigem Haar ... Wo ist eigentlich Monika ...

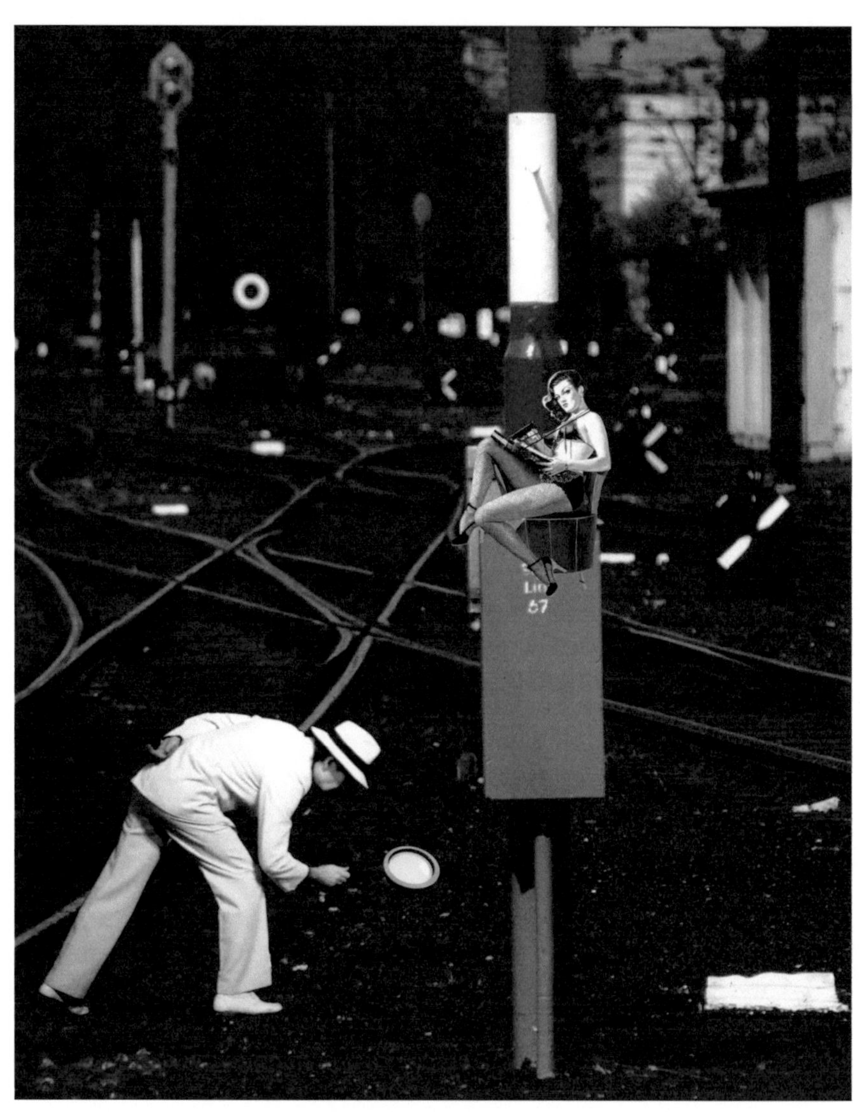

Wo sind denn die Mädels?

Wer ist Peter Ripota?

Anstelle einer der üblichen Selbstbeweihräucherungen hier eine Charakterisierung von mir und meiner Gattin Monika durch den Mit-Milonguero *Gerhard Riedl*, erschienen in seinem Tango-Blog vom Dienstag, den 26. November 2013:

„Der andere Sonderling im Tango“: Peter Ripota

So hat ihn ein (inzwischen nicht mehr ganz so bekannter) Tangoblogger einmal bezeichnet, und nachdem ich – in dessen Sichtweise – der eine Sonderling bin, müssen Peter und ich doch etwas gemeinsam haben.

Meine früheste Erinnerung an Peter Ripota ist untrennbar verbunden mit einem Tangonachmittag, den er in den Jahren 2000 bis 2005 veranstaltete: Mitten im Münchner Stadtteil Schwabing steht ein herrlich verstaubtes altes Herrenhaus, und dort gab es jeden zweiten Sonntagnachmittag den „Tango in der Seidlvilla“. Irgendwie schaffte es der geborene Österreicher, auf dieser Milonga den Charme eines Wiener Caféhauses zu verbreiten. Insbesondere die letzte Tanda hat einen Ehrenplatz in meiner „Tangovitrine“: Peter legte da meistens herrlich schmalzige deutsche Titel aus den 30-er Jahren auf, und im Winter tanzte man dann in der Abenddämmerung, mit Blick auf den verschneiten Garten, zu Klängen wie „Macht rotes Licht, wir wollen Tango tanzen“ oder „Wenn vom Himmelszelt ein kleines Sternlein fällt“. Ein Zauber, der bleibt!

Monika Fischer kenne ich schon aus meiner Anfangszeit als Lehrer am Gymnasium, wo sie als frischgebackene Referendarin für Biologie und Chemie auftauchte. Als ich eines Tages aus Jux mein Goldenes Tanzsportabzeichen am Revers trug, identifizierte sie dieses sofort und fragte mich mit leuchtenden Augen, ob ich wohl tanze. Diese Betätigung hat Monika seit ihrer Kindheit fasziniert. Längere Zeit nahm sie Ballettunterricht, trainierte Rollkunstlauf und hätte sich gerne mehr mit den Standard- und Lateinamerikanischen Tänzen beschäftigt. Aber es fehlte wohl der feste Tanzpartner. (Ach, wie typisch!)

Als meine Frau und ich vom Turnierbetrieb zum Tango wechselten, erregte dies Monikas besonderes Interesse: Begierig ließ sie sich von uns die erlernten Schritte zeigen, begleitete uns zu etlichen Milongas und genoss es sehr, dass man dort als „alleinige Frau" auffordern konnte. Als wir ihr dann zum Geburtstag einen Tangokurs schenkten, war die Abhängigkeit von den Klängen des Rio de la Plata besiegelt. Es kam, was offenbar kommen musste: Auf einem Tanzabend liefen sich Monika und Peter über den Weg, der ein gemeinsamer werden sollte. Letztes Jahr war die Hochzeit, natürlich inklusive einer rauschenden Milonga.

Ich muss gestehen: Der erste nähere Eindruck, den Peter auf mich machte, war ein ziemlich exzentrischer – irgendwie verbinde ich ihn bis heute mit weißem Anzug plus Hut sowie gleichfarbigen Bonvivant-Schleichern, halt so ein altmodischer „Tangokavalier"! Sein Faible ist die große Inszenierung, was man an seinen Auftritten mit der Gruppe „Tango de Oro" sieht. Das Mondäne bricht er aber meist mit seiner Ironie, wenn er beispielsweise als Tangodetektiv im Programm „Kriminaltango" ein Tanzpaar aus dem Verkehr zieht, welches Piazzollas „Libertango" mit Standardschritten interpretiert (vor zehn Jahren eine geradezu prophetische Nummer…). Mit Monika setzte er diese Bühnentradition in vielen Showauftritten fort.

Erstaunlicherweise kommen Peter und ich immer wieder, unabhängig voneinander, auf identische Ideen. So hörte ich von ihm Anfang 2010, dass er sein Buch „Tangosehnsucht" herausbringen werde – und ich konnte ihm mitteilen, dass demnächst mein „Milongaführer" auf den Markt komme. Dann vor kurzem die Neubearbeitung seiner „Metamorphosen der Liebe", zeitgleich bei mir der „noch größere Milongaführer". Der Höhepunkt war aber, dass wir beide im April 2007 unsere eigene Milonga aus der Taufe hoben, und im Gegensatz zum „Tango an der Ilm" in Pfaffenhofen existiert der Freisinger „Tango de Neostalgia" bis heute. Zum jährlichen Jubiläum inszeniert Monika stets eine Aufführung, bei der ich als Tänzer oder Zauberkünstler öfters mitwirken durfte.

Zugegeben, mit Glamour bis Kitsch tragen die beiden für meinen Geschmack schon dick auf. So erinnere ich mich an eine Show, wo Peter und ich eine lebensgroße Schaufensterpuppe per Striptease zu einem mehrfachen Kleiderwechsel veranlassten, und ich (einschließlich dem Publikum) auch ansonsten mit Laszivität nicht verschont wurde. Dennoch ist dieser Stil meilenweit vom üblichen „Erotikgeturne" entfernt, denn solche Paare meinen es ernst – Peter nicht. Der reine Schabernack waren auch unsere Auftritte als Autorenduo, wo wir anhand unserer Bücher eine nur mäßig einstudierte Diskussion über diverse Tangothemen boten.

Peter ist ein Mensch, bei dem der erste Eindruck nicht reicht, und der zweite, dritte und die folgenden ergeben ebenfalls kaum mehr Klarheit: studierter Mathematiker und Physiker, hauptberuflich 23 Jahre Redakteur beim P.M.-Magazin, daneben aber Autor von Büchern nicht nur über diese Wissenschaften, sondern unter anderem auch Astrologie, Handlesen, Kartenlegen, Märchen – und natürlich Tango. Wie passt das zusammen?

Peter würde wahrscheinlich antworten: „Muss es doch gar nicht." Er ist ein Dialektiker, der erst bei Widerspruch so richtig in die Gänge kommt, Mainstream ist für ihn der Horror: Da wird schon mal Einsteins Relativitätstheorie oder die Evolutionslehre in Frage gestellt – und erst recht im Tango! „Das Schlimmste beim Tango Argentino ist es, so zu tanzen wie alle anderen", so ein Zitat aus seinem Buch, und der Standardtango ist für ihn „gut geeignet als Anfeuerungsmusik in Schlachten". Kompromisslos tritt er bei unserem Tanz für Individualität und persönliche Freiheit ein – und empfiehlt denen, die „alles in Schubladen stecken" müssen, den Wechsel zum Schuhplattler. Dass ihn genau solche Leute dann heftig attackieren, freut ihn wohl besonders.

Dieser Linie folgen Peter und Monika auch bei ihrer monatlichen Milonga. Es ist die einzige Tangoveranstaltung, bei der mir stets mehr als die Hälfte der gespielten Titel völlig unbekannt ist. (Angeblich sitzt Peter oft stundenlang vor dem Radio, um neue Musikbeispiele aufzunehmen – vom Radio – da wälzt sich doch der moderne TJ mit Schnappatmung auf dem Teppich!)

Selbstredend ist nicht alles Tango, was da zu hören ist, und ich könnte Peter oft mit der flachen Hand erschlagen, wenn er meine Wachheit ab Mitternacht mit elegischen Klängen à la Wiener Südfriedhof auf eine harte Probe stellt. Tue ich aber nicht, denn dann würde die letzte Milonga verschwinden, bei der man mich noch verblüffen kann. Trotz seiner inzwischen 70 Jahre ist Peter Ripota der jüngste und unkonventionellste DJ, den ich kenne.

An die 25 Jahre ist er nun im Tango aktiv, was wenige von sich behaupten können – und, wichtiger noch: Er hat nie seine individuelle Linie aufgegeben. Dies ist gerade jetzt, wo die Szene immer mehr von Modeerscheinungen, angepassten Rezepteanwendern und Wahrheitseignern bestimmt wird, nicht hoch genug einzuschätzen. Auf ihren Milongas sorgt das Ehepaar Fischer-Ripota für eine tolle Dekoration, kümmert sich aufopfernd um jeden einzelnen Besucher, steht mit bewundernswerter Energie auch Durststrecken mit wenigen Gästen durch – und das Angebot ist stets hausgemacht und nicht importiert, weder aus Buenos Aires noch sonst woher.

Und obwohl Peter in seiner bescheidenen Schüchternheit wohl meinen wird, mein Beitrag sei eher ein Nachruf – im Gegenteil: Ich hoffe, dass die beiden mir und anderen noch lange eine Oase ohne Geschrammel, Workshops, argentinische Showpaare und Tanzschuhverkauf bieten werden!

(c) Gerhard Riedl 2013

Gerhard hat auch ein Interview für die Zeitschrift Tangodanza geschrieben, Hier einige Auszüge:

Monika inszeniert mindestens einmal im Jahr eine Vorstellung, in der ihr euch mit Freunden schauspielernd und tanzend produziert. Im sonstigen Leben machst du einen zurückhaltenden, fast schüchternen Eindruck. Was motiviert dich dennoch, diese Bühnenwirkung zu suchen?

Im Alltag ist man eingeschränkt durch tausende Konventionen und Hemmungen – auf der Bühne aber erwarten die Leute geradezu,

dass du exzentrisch bist, sie zum Lachen, Staunen oder
Nachdenken bringst. Ich erzähle gerne Geschichten, ob mit Worten
oder durch körperliche Aktion. Wir erheben aber keinen
professionellen Anspruch, unsere Aufführungen sind hausgemacht
und nicht eingekauft – und den meisten Spaß haben wir bei den
Proben!

*Passen esoterische Themen wie Kartenlegen oder Handlesen mit
dem Tango zusammen?*

Wenn du jemandem die Karten legst oder ein Horoskop erstellst,
kommst du sehr schnell in einen intensiven geistig-seelischen
Kontakt mit dem Gegenüber. Das ist nichts anderes als
Psychologie, auf den Alltag herunter gebrochen. Und es ist auch
ein Dialog, der daraus entsteht. Ähnliches hast du im Tango auf
einer anderen Ebene: einen körperlich-seelischen Bezug zu einem
Menschen, den du vielleicht gar nicht kennst, der sich dir im Tanz
öffnen soll, von dem du wissen willst, wie er tickt. Die Gespräche,
welche sich daraus ergeben, sind wunderbar – ob beim Handlesen
oder auf dem Parkett.

Und was sagt der Mathematiker und Physiker dazu?

Diese beiden Wissenschaften geben eine bestimmte Form des
Denkens vor, die mir bei den obigen Themen sehr geholfen hat.
Denn dieses esoterische Geschwafel mochte ich nie, sondern ich
wollte immer wissen: Ist es so oder nicht? Ich möchte es
überprüfen können, sonst lasse ich es bleiben. Nur sind diese
Überprüfungskriterien ein bisschen anders als in der Physik.

*Wie unterscheidest du zwischen dem „Tangotraum", der für dich
„jede Nacht neu beginnt", und dem realen Leben?*

Von Astor Piazzolla stammt der Titel "Drei Minuten mit der
Wirklichkeit": Die wahre Welt ist somit die Zeit, in der man einen
Tango tanzt, und der Rest ist ein Traum. Und diese Wachheit, in
manchen Kulturen heißt sie auch Erleuchtung, die finde ich im
Tango.

Du verwendest in deinem Buch "Metamorphosen der Liebe" das Wort „Sternenfreundschaft". Wie ist das zu verstehen?

Der Begriff stammt von Friedrich Nietzsche, und der hat die Freundschaft sehr hoch gehalten. Auf den Tango bezogen: Du triffst eine unbekannte Frau, und vom ersten Tanz an weißt du, das passt wunderbar, es geht ein Stern auf – so, als ob man sich schon Jahre kennt. Wenn du das aber auf das reale Leben übertragen willst, stehst du dumm da, denn Tango ist einfach Tango.

Das heißt, dieser Tanz bedroht keine bestehenden Partnerschaften?

In Filmen wird das ja meistens so dargestellt, dass die Beziehung zerbricht oder aber die Dame zurückkehrt auf den heimatlichen Bauernhof und wieder die Kühe melkt und den Tango vergisst. In Wirklichkeit bewirkt dieser Tanz nur dort Trennungen, wo es schon vorher nicht mehr gestimmt hat. Tango kann aber auch ein neuer Lebensinhalt werden, der die Partnerschaft festigt.

Wie können wir dem ‚Rentnertango' entkommen?

Der Tango ist für die wirklich Jungen nicht das Richtige, da willst du nicht geheimnisvoll und traurig sein, da tanzt du lieber Salsa. Aber irgendwann kommen die schon zum Tango, weil der interessanter, komplexer, nicht so oberflächlich ist. Was wir machen können, ist immer nur das Gleiche, nämlich tun, was wir tun – unseren Tango tanzen, und andere finden es vielleicht toll, dass da jemand so tanzt, wie es sich nicht gehört und trotzdem passt. Dann wird schon was draus. Ich habe mir auch vorgenommen, bis mindestens 90 noch Tango zu tanzen – und danach werden wir sehen, wie's weitergeht – hängt dann von den Partnerinnen ab…

(c) Tangodanza 2013

178

Informationen

Sachbücher

Reichardt, Dieter: **Tango. Verweigerung und Trauer.** suhrkamp Taschenbuch 1984
Immer noch ein Standardwerk: Geschichte + Musik + viele Tangotexte im Original und übersetzt.

Dinzel, Gloria und Rodolfo: **Tango, eine heftige Sehnsucht nach Freiheit.** Editorial ABRAZOS 1999
Ausführliche Beschreibung der Haltung im Tango, mit vielen anatomischen Hinweisen und Diagrammen, von einem der großen Tangotänzer und -lehrer unserer Zeit..

Birkenstock, Arne; Rüegg, Helena: **Tango. Geschichte und Geschichten.** Deutscher Taschenbuch Verlag, München 1999
Geschichte & Texte, mit einer CD.

Raul: **Drei Essays über Tango Argentino.** Libro Latino, Berlin 2000
Persönliche Einsichten in das Wesen des Tanzes eines alten Tangotänzers in Berlin

Siegmann, Johanna: **The Tao of Tango.** Trafford Publishing, Victoria, B.C., Canada 2000
Großartige Erfahrungen beim Einstieg in den Tango einer starken und emanzipierten Frau.

Ludwig, Egon: **Tango Lexikon. Der Tango rioplatense. Fakten und Figuren des berühmten lateinamerikanschen Tanzes.** Lexikon Imprint Verlag, Berlin 2002
Umfangreich und gut recherchiert.

Plisson, Michael: **Tango.** Palmyra, Heidelberg 2002
Gute geschichtliche Darstellung mit einem umfangreichen Anhang und einer CD.

Allebrand, Raimund: **tango. Das kurze Lied zum langen Abschied. Psychologie des Tango Argentino**. Horlemann, Bad Honnef 2003
Geschichte, Psychologie und viele Liedtexte im Original und übersetzt.

Thompson, Robert Farris: **Tango. the art history of love**. Vintage Books, New York 2005
Umfangreiche wissenschaftliche Originaluntersuchung über die Ursprünge des Tango und die Tänzer, die den Tango formten.

Thomas, Irene D.; Sawyer, Larry M.: **The Temptation to Tango. Journeys of Intimacy and Desire**. Trafford Publishing, Victoria, B.C., Canada 2005
Geschichte & Psychologie des Tango, mit spannenden Erzählungen und einem umfangreichen Anhang.

Merritt, Carolyn: **Tango Nuevo**. University Press of Florida, USA 2012
Eine Anthropologin erforscht den Tango in all seinen Facetten, besonders die neuen Tanzformen.

Bildbände

Hanna, Gabriela: **Así bailaban el Tango**. Metro Verlag, Berlin 1993
Geschichte des Tango, mit vielen Schwarzweiß-Abbildungen

Collier, Simon et al.: **¡tango! Mehr als nur ein Tanz**. Wilhelm Heyne Verlag, München 1995
Sehr schöne Abbildungen von alten Postkarten, Schallplattenhüllen und modernen Tango-Etablissements, durchgehend in Farbe.

Rappmann, Rainer; Walter, ALbrecht: **Tango. Obsession. Passion**. FIU Verlag, Wangen/Allgäu 1997
Viele interessante Schwarzweiß- und Farbabbildungen, auch von Gemälden.

Deininger, Tina; Jaugstetter, Gerhard: **Tango. Leidenschaft in Buenos Aires**. ars vivendi Verlag, Cadolzburg 1999
Sehr schöne Tangofotos, alle in schwarzweiß.

Haase-Türk, Astrid: **Tango Argentino, eine Liebeserklärung. Tanzkurs, Kult und Sinnlichkeit**. blv München, ohne Jahresangabe
Ein Tangokurs mit sehr guten Fotos.

Nau-Klapwijk,Nicole: **Tango Dimensionen**. Kastell Verlag, München 1999
Ein sehr persönlicher Erfahrungsbericht von einer, die der Liebe wegen nach Buenos Aires zog und mit ihrem Mann Ricardo zu *dem* Tangopaar Argentiniens wurde. (Jetzt sind sie's nicht mehr.)

Nau,Nicole: **Tanze Tango mit dem Leben: Die Geschichte einer leidenschaftlichen Liebe.** Bastei-Lübbe 2013
Ein sehr persönlicher Erfahrungsbericht von einer, die der Liebe wegen jetzt Folklore tanzt und mit ihrem Mann Luis hofft, zu *dem* Tangopaar Argentiniens zu werden.

Belletristik

Fleischhauer, Wolfram: **Drei Minuten mit der Wirklichkeit.** Schneekluth, München 2001
Geschichtlicher Roman um die Militärdiktatur der 1970ihre Jahre und die Verschleppung von Kindern, mit einem exzellenten Einblick in die Welt des Tango.

Dorn, Katrin: **Tangogeschichten.** dtv, München 2002
Stimmungsvolle Kurgeschichten aus der Tangoszene.

Abadi, Sonia: **Der Basar der Umarmungen**. ABRAZOS books, Stuttgart 2003
Gute Einblicke in die Tangoveranstaltungen von Buenos Aires

Rosenboom, Thomas: **Tango. Roman.** rororo, Hamburg 2004
Ein Roman aus der typischen Tangoszene: Wie ein Anfänger in eine Welt schlittert, mit der nicht fertig wird.

Zeitschriften

Tango Danza. http://www.tangodanza.de/
Farbig, informativ, aktuell. Mit einem umfangreichen Tangokalender.

el tango. Buenos Aires Tango Club Viena, A-1040 Wien, Rienößlgasse 4. Im Kleinformat, hoch-informative Artikel

Filme & DVDs

R = Regie, M = Musik, D = Darsteller, T = Tänzer

Tango Bar. R John Reinhardt, D/M Carlos Gardel. 1935 (S/W)
Einer der besten Filme mit dem legendären Carlos Gardel.

Tangos - el exilio de Gardel. R Fernando Solanas, M Astor Piazzolla. 1976
Der erste ernsthafte Film über Tangotänzer und -sänger im Pariser Exil. Mit zwei spektakulären, wenngleich sehr kurzen Tanzszenen.

Sur. R Fernando Solanas. M Astor Piazzolla. 1988
Ein zweiter Film über das Exil. Mit eindrucksvollen Szenen & Gesängen.

Tango-Bar. R Marcos Zurinaga, M Atillio Stampone, D Raul Julia. 1989
Raul Julia erzählt die Geschichte des Tango, mit vielen Tanzszenen und witzigen Einlagen aus anderen Filmen.

Nackter Tango. R Leonard Schrader, M Thomas Newman. 1989
Provokativ, kitschig, dennoch realistisch: Wie Frauen aus anderen Ländern in die Prostitution gezwungen wurden. Herrlicher Edelkitsch mit einer wundervollen Musik und fantastischen Aufnahmen.

Tango Lesson. R Sally Potter, D/T Pablo Veron, Gustavo Naveira. 1997
Die britische Reschissörin und Tänzerin zeigt mit Verständnis den Unterschied zwischen den Kultluren. Exzellente Musik, sehr gute Tanzszenen.

Tango. R Carlos Saura, M Lalo Schifrin, T Juan Carlos Copez. 1999
"Carmen" als Tango, mit wunderbaren Tanzszenen.

Tango Pasíon live in Istanbul. R Hector Zaraspe, M José Libertella & Luis Stazo. 1999
Eine der wichtigsten Tango-Shows. Tanz am laufenden Band.

Master of Dance - Die Tango- und Flamenco-Show. R Gerardo Lema, M Carlos Lazzari, T Gloria & Eduardo und andere. 1999
Exzellente Tango-Show mit vielen Szenen und witzigen Einfällen.

El Senor Tango Show. R Fernando Soler. 2000
Wie oben: Exzellente Tango-Show mit viel Erotik.

12 Tangos. R Arne Birkenstock, M Luis Borda 2005
Viel Gesang, wenig Tanz.

Café de los maestros - Die großen Meister des Tango. D Guido Berenblum et al. 2009
Gemeinsamer Auftritt aller Tango-Musiklegenden im berühmten Teatro Colón von Buenos Aires. Ohne Tanz

Der letzte Applaus. R German Kral. 2010.
Film über einige vergessene Tangosänger

El Ultimo Tango. R German Kral. 2015.
Portrait des Tango-Tanzpaares Nieves - Copes

Mittsommernachtstango. D M.A. Numminnen (Sänger) 2014.
Finnischer Tango, gesungen und getanzt

Webseiten

Wenn Sie Veranstaltungen in einem bestimmten Ort oder einer Gegend besuchen wollen, geben Sie am besten "Tango" und den Ort in Ihrer bevorzugten Suchmaschine ein.
Meine eigene Webseite:

http://www.peter-ripota.de/tango/index.htm

Gerhards Tango-Blog:
http://www.milongafuehrer.blogspot.de/

Manuela Bößels Tango-Blog:
http://im-prinzip-tango.blogspot.de/

Tango-Kreuzfahrten:
http://www.bailando-reisen.de/

Tangomelodien aus dem Internet (und vieles mehr):
http://www.todotango.com/

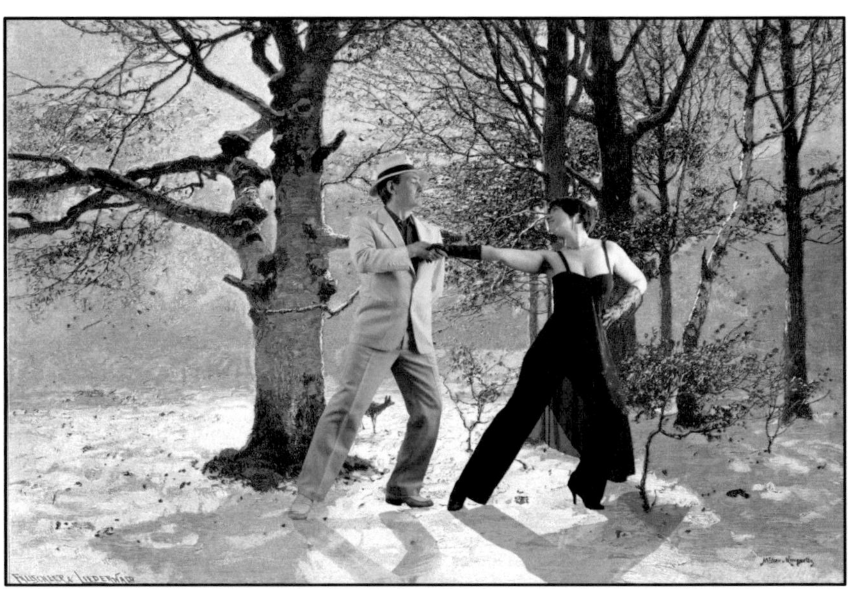